Zadrobilek · Mountainbike NÖ

Gerhard Zadrobilek

Mountainbike Niederösterreich

Die 50 schönsten Touren

NP
BUCHVERLAG

Dieser Radführer wurde mit größtmöglicher Sorgfalt und Genauigkeit zusammengestellt. Nur ein Teil des Wegenetzes in Österreich gilt als öffentliche Wege. Die oft nicht als solche gekennzeichneten privaten Wege dürfen nur mit Erlaubnis des Grundeigentümers befahren werden.
Die Befahrung sämtlicher Routen erfolgt auf eigene Gefahr und Verantwortung! Weder die Verfasser noch der Verlag können daher irgendwelche Haftungen übernehmen.

Bildnachweis:
Archiv Destination Waldviertel Gmbh
Seite 14, 17, 22 Lammerhuber, 24 Westermann, 32 Okolicasanyi, 40, 44 Okolicasanyi, 49, 61, 75, 84, 97

Mostviertel Tourismus
116, 119, 121, 125, 129, 133, 137, 139, 141

Pension Seewolf
Seite 47

Bildarchiv Ursin Haus Langenlois
Seite 30

Alle anderen Fotos einschließlich Umschlagfoto
Michael Alschner, Wien. (© Tourismusverband Wienerwald bzw. Region Niederösterreich Süd-alpin)

Deutsche Bibliothek – CIP-Einheitsaufnahme

Zadrobilek Gerhard:
Mountainbike Niederösterreich : die 50 schönsten Touren / Gerhard Zadrobilek. – 1. Aufl. - St. Pölten ; Wien ; Linz :NP-Buchverl., 2002
ISBN 3-85326-520-0

Layout und Einbandgestaltung: Werbebüro Linecker, Sieglinde Füreder, Ottensheim
Kartographie: Arbeitsgemeinschaft Kartografie, St. Georgen am Steinfelde
Herstellung: Niederösterreichisches Pressehaus
Druck- und Verlagsges. mbH.
Gutenbergstraße 12
3100 St. Pölten

ISBN 3-85326-520-0

Inhaltsverzeichnis

Vorwort 7
Hinweise 9

Waldviertel

1 Zwei-Flüsse-Tour 13
2 Hundertwasser-Tour 15
3 Stausee-Thurnberg-Tour 18
4 Rosenburg-Strecke 21
5 Dungl-Strecke 23
6 Bachlweg 25
7 Zweigelt-Tour 28
8 Gföhlerwald-Strecke 31
9 Hubertus-Strecke 33
10 Weinstein-Tour 35
11 Sulzberg-Strecke 38
12 Ysperklamm-Strecke 41
13 Höllberg-Strecke 46
14 Teich-Strecke 48
15 Eichelberg-Strecke 50
16 Reitgraben-Strecke 52
17 Braunegg-Strecke 54

Wienerwald

18 Hundsberg-Strecke 56
19 Grillparz-Strecke 58
20 Tulbinger-Kogel-Strecke 60
21 Weinberg-Strecke 62
22 Kahlenbergerdorf-Strecke 64
23 Doktorberg-Strecke 68
24 Parapluie-Strecke 70
25 Thallern-Strecke 74
26 Lindkogel-Strecke 78
27 Harzberg-Strecke 81
28 Vöslauer-Strecke 83
29 Pfarrkogel-Strecke 85
30 Steinwandklamm-Strecke 88

Süd-Alpin/Burgenland

31 Panoramarunde 92
32 Schneeberg-Strecke 94
33 Tiefenbach-Strecke 97
34 Rotes-Kreuz-Strecke 99
35 Geschriebenstein-Strecke 101
36 Naturpark-Runde 104
37 Dreiländereck-Strecke 107
38 Heissenberg-Strecke 109
39 Kogelrundweg 111
40 Sonnwendstein-Strecke 113

Mostviertel

41 Donaublick-Strecke St. Veit 115
42 Mariazellerbahn-Strecke 117
43 Nivea-for-Men-Strecke Lackenhof 120
44 Sonnbrand-Almtour 124
45 Erzweg-Gamsstein-Tour 128
46 Kitzhüttenalm-Tour 132
47 Ida-Pfeiffer-Strecke 134
48 Bellevue-Strecke 138
49 Wolfsleiten-Strecke 142
50 Fronberg-Luft-Tour 146

Ortsregister 148
Tourenregister nach der Schwierigkeit 149

Liebe Mountainbikerin, lieber Mountainbiker!

Es freut mich, dass Sie zu den Mitgliedern der großen Mountainbiker-Familie gehören und darf Sie einladen, uns auf die eine oder andere Tour durch die vielfältige und abwechslungsreiche Landschaft Niederösterreichs zu begleiten. Sicherlich werden Sie bald jene Touren herausgefunden haben, die Ihrem Leistungsvermögen entsprechen und Ihnen entsprechende Natur- und Sporterlebnisse bieten. Dieses Buch soll Ihnen dazu eine Hilfe sein.

An dieser Stelle möchte ich mich bei allen Beteiligten für die Mitarbeit an der Herausgabe dieses Buches bedanken. Besonderer Dank gilt den Verantwortlichen in den Tourismusverbänden für die Bereitschaft zur Zusammenarbeit und die Bereitstellung von Fotomaterial für diese Buch, aber noch mehr für das Zustandekommen des großen Netzes von Mountainbike-Routen und deren guter Beschilderung.

Mancherorts waren nicht geringe Schwierigkeiten bei der Jägerschaft und bei einzelnen Grundeigentümern zu überwinden und nicht immer ist es gelungen, die Strecken allen Wünschen gemäß zu führen. Es wird jedoch ständig an Verbesserungen gearbeitet und es ist zu hoffen, dass sich auch die rechtlichen Rahmenbedingungen entsprechend verbessern. Leider werden von Vandalen immer wieder Wegtafeln ausgerissen; wir bitten Sie, dies bei den Gemeindeämtern zu melden.

Das Angebot an markierten Mountainbike-Touren in Niederösterreich ist groß und bietet für jeden etwas: Vom Genussradeln im Wienerwald bis hin zu alpinen Touren im Mostviertel oder im Süden unseres Bundeslandes, von der kurzen Familientour zur mehrstündigen Power-Etappe. Wir haben für Sie eine Auswahl getroffen, die die Lust auf mehr wecken soll.

Wie kaum eine andere Sportart verbindet das Mountainbiken das Naturerleben mit körperlicher Betätigung und dem Spaß an Bewegung, Technik und Geschwindigkeit. Doch bei allem Spaß dürfen wir Mountainbiker eines nicht vergessen: Wir sind Gäste in

der Natur und sollen uns als solche verhalten, rücksichtsvoll und vorsichtig gegenüber der Tier- und Pflanzenwelt, aber auch gegenüber anderen Erholung Suchenden und jenen, die in der Natur arbeiten.
Jede Sportart bedarf der Übung. Sie gibt Sicherheit und erhöht das Fahrvergnügen. Für das Mountainbiken sind neben einer guten körperlichen Verfassung meiner Meinung nach zwei Fahrtechnik-Übungen zum Einstieg wichtig, um dadurch mehr Sicherheit und dadurch mehr Fahrvergnügen zu erleben: Das richtige Bremsen und das Überwinden von Hindernissen wollen besonders geübt sein. Ein paar Tipps dazu im Folgenden.
Gut vorbereitet und ausgerüstet mit gutem, regelmäßig gewartetem Material sollte das Vergnügen perfekt machen.
Für mich selbst ist das Mountainbiken ein bedeutender Teil des Lebens geworden und hat nichts von seiner Faszination verloren. Ihnen wünsche ich ähnliche Begeisterung und viele schöne, erlebnisreiche Stunden auf Niederösterreichs Bergen.

Ihr Gerhard Zadrobilek

EIN PAAR TIPPS ZU IHRER SICHERHEIT

Bremsen

Besonders bei einer Talfahrt, aber nicht nur bei dieser, ist das Bremsen die so genannte „Lebensversicherung" eines jeden Bikers, deshalb sollte es von Anfängern und Einsteigern zuerst einmal gründlich getestet und geübt werden. Zunächst auf Asphalt, dann auf Schotter oder ähnlichem Untergrund, beginnend im Flachen, später auf immer steileren Strecken.

Mein Tipp dafür: Man markiert sich am Boden eine Linie und versucht in der Folge immer und immer wieder das Vorderrad möglichst genau auf diese Linie hinzubremsen. Beginnen Sie zuerst langsam und steigern Sie später die Geschwindigkeit, um so das Gefühl für den Bremsweg zu bekommen.

Nur durch ein selbstverständliches Grundverhalten kann man sich ein möglichst sicheres Bremsen aneignen. Grundsätzlich wird vor allem geradeaus nur zwischen 20 und 30% mit der Hinterbremse gebremst, die Vorderbremse übernimmt bis zu 80% der Bremskraft. Aber aufgepasst: Die Vorderbremse immer nur so fest betätigen, dass sie auf keinen Fall blockiert. Die Bremskraft ist abhängig von der Geschwindigkeit und vom Terrain. Wichtig dabei ist auch die richtige Gewichtsverlagerung (siehe Foto). Der Körperschwerpunkt wird dabei nach hinten verlagert, um bei scharfem Bremsen einen Abgang über das Vorderrad zu vermeiden.

Hindernisse

Das Überwinden von Hindernissen wie Wurzeln, Äste, Steine, Löcher oder Rinnen sollte genauso geübt werden, da man dadurch mehr Fahrsicherheit erlangt. Man kann natürlich nicht mit vollem Tempo drüberdonnern, es würde ein ziemlich wuchtiger und am Ende schmerzvoller Abstieg über den Lenker folgen.

Beginnen Sie mit kleinen Hindernissen und erst wenn Sie diese sicher beherrschen, sollten Sie sich an größere Aufgaben heran wagen.

Fahren Sie auf das Hindernis mit entsprechender Geschwindigkeit zu und legen sie einen dieser Geschwindigkeit angepassten Gang ein. Ein kurzer, kraftvoller Antritt und gleichzeitig den Lenker mit praktisch einer Bewegung hochziehen. Damit ziehen Sie das Vorderrad auf ein Hindernis drauf oder gleich drüber. Sobald das Vorderrad über dem Hindernis ist, kann man mit einer leichten

Gewichtsverlagerung nach vorne das Hinterrad entlasten und so auch dieses über das Hindernis ziehen.

Zur Abrundung noch einige Hinweise zur Ausrüstung:

Folgende Bekleidungsstücke sollte der Biker mit sich führen: Radhelm, Sonnenbrillen (nicht zu dunkel), Handschuhe, Radtrikot mit Taschen (oder Rucksack), Radhose mit Fleece-Einsatz (ohne Unterwäsche zu tragen), Schweiß absorbierende Unterwäsche, Schuhe mit steifer Sohle (oder Bindungspedal); Wind- und Regenjacke.

Sonstige Ausrüstungsgegenstände: Trinkflasche, Verbandszeug, Ersatzschlauch und Pickzeug, Luftpumpe, Kettennieter, Ersatzspeiche, Speichenschlüssel, Licht; Geld, Mobil-Telefon.

Etwas zu Essen (Müsliriegel), besonders bei längeren Touren kohlehydratreiche Nahrung (Vollkornbrot, Reis, Teigwaren; Obst, Gemüse ...).

ZEICHENERKLÄRUNG

- Autobahn
- Bundesstraße
- Hauptstraße
- sonstige Straße
- Güterstraße, Fahrstraße
- Feldweg, Karrenweg
- Fußweg
- Höhenlinie 100 m
- Gewässer
- Wasserleitung
- Eisenbahn
- Landesgrenze
- Wald
- Weingarten
- Kreuz/Marterl; Bildstock
- Bildbaum, Aussichtsturm
- Kirche, Kapelle
- Sägewerk, Mühle
- Sendeanlage, Umspannwerk/Trafo
- Höhle, Denkmal
- Schloss, Ruine
- Bergwerk, -stillgelegt

Mountainbikestrecke

- MTB-Strecken, die nicht im Buch beschrieben sind
- Einstiegspunkt
- beschilderte Fahrtrichtung

Höhenprofil

- flache Strecke
- mäßig steile Strecke
- sehr steile Strecke
- Asphaltstraße
- unbefestigte Straße oder Weg

Maßstab 1 : 50 000

0 — 1000 — 2000 — 3000 m

Strecken-Kategorien

Ein Berechnungsschlüssel aus Streckenlänge, Höhenmeterdifferenz und Untergrundbeschaffenheit unterteilt die 50 Strecken in: 11 Family-Strecken, 15 Fun-Strecken, 24 Power-Strecken.

Zum Großteil gemütliche und leichte Touren. Keine Trial-Kenntnisse notwendig.

Strecken mit durchschnittlichem Schwierigkeitsgrad und teilweise längeren Anstiegen.

Anspruchsvolle Strecken für geübte Biker.

1. ZWEI-FLÜSSE-TOUR

Zwettl–Gschwendtmühle–Syrafeld–Zwettl

Einstieg: Zwettl – Busbahnhof
Gesamtlänge: 11 km
Gesamthöhenunterschied: 181 Hm
Asphalt: 3 km
Schotterstraße/Forstweg: 8 km

Tipp: Altes Kampkraftwerk; Gschwendtmühle

Einkehr: • Gasthaus Schierhuber
• Huber-Riedler
• Taverne Stift Zwettl

Info: • Gästeinformation,
Gartenstraße 3, 3910 Zwettl,
☎ 02822/503-127 · Fax DW 181,
stadtgem.zwettl@wvnet.at · www.zwettl.at

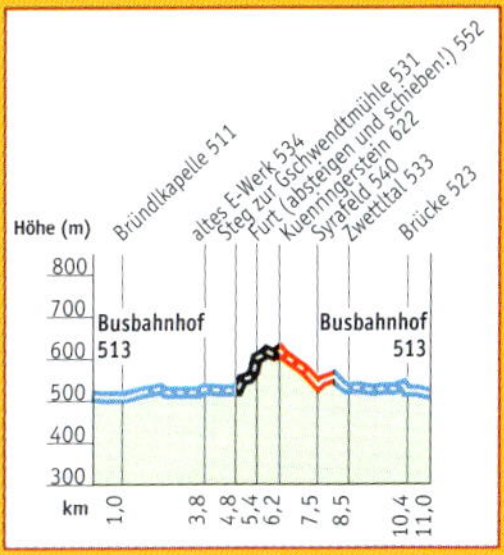

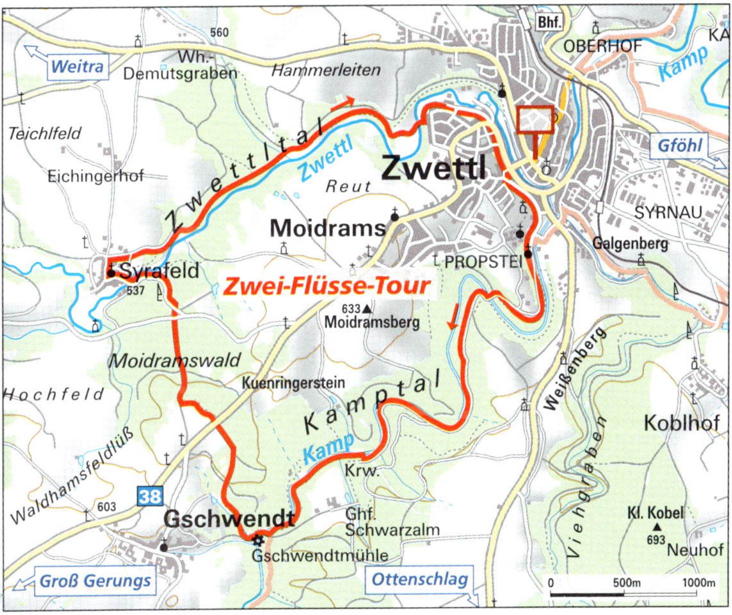

Technische MTB-Strecke, zwar nicht sehr lang, aber doch anspruchsvoll. Landschaftlich sehr schön.

Zuerst Richtung Sparefrohspielplatz. Ab hier gleiche Streckenführung wie Hundertwasser-Tour 2 bis Gschwendtmühle. Bei Mühle über Steg, danach kurz Asphalt in den Wanderweg, steil bergauf, Singletrail bis zur Bundesstraße 38. Diese queren und gleich wieder Waldwege weiter nach Syrafeld. Durch den Ort auf Asphalt, danach über Wiese bergab ins Zwettltal. Entlang der Zwettl auf Singletrails zurück nach Zwettl. Kurz vor der Stadt überqueren wir noch den Fluss und kommen auf Asphalt zurück zum Ausgangspunkt.

Rast am Oberen Kamp

2. HUNDERTWASSER-TOUR

Zwettl–Gschwendtmühle–Roiten–Frankenreith–Großgöttfritz–Rohrenreith–Ratschenhof–Zwettl

Einstieg: Zwettl – Bründelkirche
Gesamtlänge: 33,7 km
Gesamthöhenunterschied: 435 Hm
Asphalt: 19,5 km
Schotterstraße/Forstweg: 14,2 km

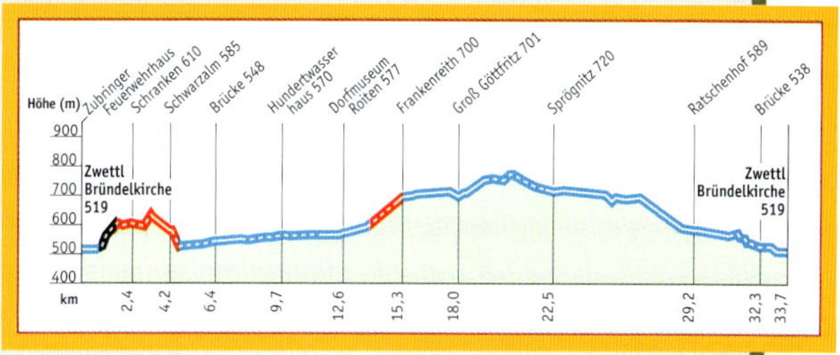

Tipp: Altes Kampkraftwerk

Einkehr: siehe Tour 1

Info: • Gästeinformation, Gartenstraße 3, 3910 Zwettl,
☎ 02822/503-127 · Fax DW 181,
stadtgem.zwettl@wvnet.at · www.zwettl.at

Keine steilen Anstiege, dafür landschaftlich schöne Strecke, auch für wenig geübte Mountainbiker geeignet.

Kurz auf Asphalt, oberhalb des Wanderweges bis zur Holzbrücke über den Kamp. Brücke queren, ab hier Forststraße entlang des Kamps bis zum alten Wasserkraftwerk. Streckenabschnitt ca. 2 km. Hinter Kraftwerk weiter auf Wiesenweg neben dem Kamp, über alte Schleuse bis zur Gschwendtmühle. Hier links und gleich danach rechts weiter am linken Kampufer Richtung Roiten. Dieser Streckenabschnitt zwischen Gschwendtmühle und Roiten, ca. 8 km, ist einer der schönsten im ganzen Waldviertel. Singletrails, Forstwege, vorbei am alten Hundertwasserhaus und an kleinen Inseln im Kamp, die zur Rast einladen, kommen wir nach Roiten

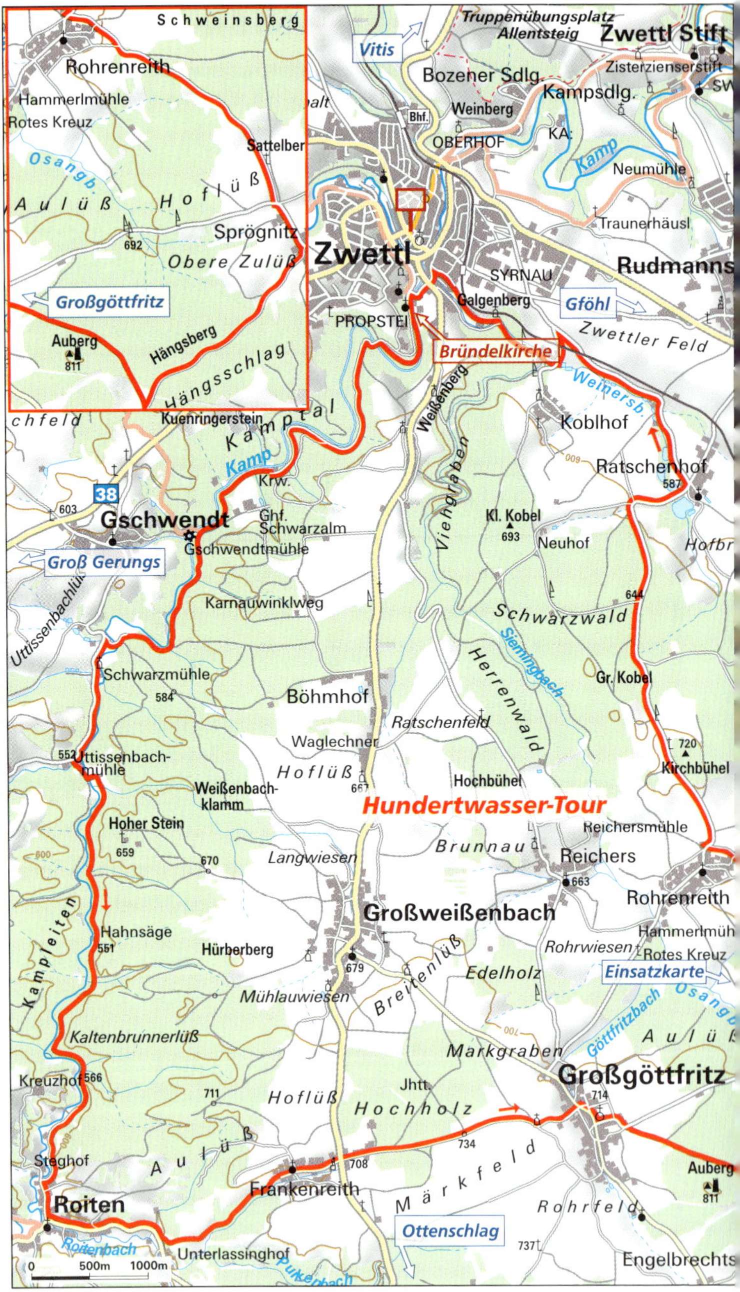
Hundertwasser-Tour
Zwettl
Zwettl Stift
Zisterzienserstift
Truppenübungsplatz Allentsteig
Vitis
Bozener Sdlg.
Kampsdlg.
Weinberg
Bhf.
OBERHOF
KA
Kamp
Neumühle
Traunerhäusl
Rudmanns
SYRNAU
Galgenberg
Gföhl
Zwettler Feld
PROPSTEI
Bründelkirche
Weißenberg
Weinersb.
Koblhof
Ratschenhof
587
Kuenringerstein
Kamptal
Kamp
Krw.
38
603
Gschwendt
Ghf. Schwarzalm
Gschwendtmühle
Groß Gerungs
Viehgraben
Kl. Kobel
693
Neuhof
Hofbr
Karnauwinklweg
Schwarzwald
644
Siemingbach
Herrenwald
Gr. Kobel
Uttissenbachl.
Schwarzmühle
584
Böhmhof
Ratschenfeld
Waglechner
720
Kirchbühel
552
Uttissenbach-mühle
Hoflüß
667
Weißenbach-klamm
Hochbühel
Hoher Stein
659
670
Langwiesen
Brunnau
Reichersmühle
Reichers
663
Rohrenreith
Großweißenbach
Hammerlmühl
Rohrwiesen
Rotes Kreuz
Kampleiten
Hahnsäge
551
Hürberberg
679
Edelholz
Einsatzkarte
Breitenlüß
Mühlauwiesen
Osangb.
Kaltenbrunnerlüß
Göttfritzbach
Aulüß
Markgraben
Kreuzhof
566
711
Hoflüß
Jhtt.
Hochholz
Großgöttfritz
714
Steghof
Aulüß
708
734
Auberg
811
Frankenreith
Märkfeld
Roiten
Rohrfeld
Ottenschlag
737
Roitenbach
Unterlassinghof
Pukenbach
Engelbrechts
0
500m
1000m
Schweinsberg
Rohrenreith
Hammerlmühle
Rotes Kreuz
Sattelber
Osangb.
Hoflüß
Aulüß
692
Sprögnitz
Obere Zulüß
Großgöttfritz
Auberg
811
Hängsberg
Hängsschlag
chfeld

zum Dorfmuseum, das ebenfals im Stil Hundertwassers gebaut ist. Weiter auf Asphalt, danach bergauf auf Forststraße nach Frankenreith. Durch den Ort, Landstraße queren, weiter auf Güterweg nach Großgöttfritz. Wieder durch den Ort, danach in den Wald und auf Waldweg, der in Forststraße mündet, nach Sprögnitz. Ab hier Asphalt nach Rohrenreith, Ratschenhof nach Koblhof. Danach über Betriebsgelände auf Wiesenweg, über Holzbrücke bergauf in den Wanderweg, der uns wieder nach Zwettl bringt. Nach Wanderweg auf Asphaltstraße bergab zur Brauerei Zwettl, Bundesstraße queren und zurück zum Ausgangspunkt.

Im Oberen Kamptal

3. STAUSEE-THURNBERG-TOUR

Neupölla–Krumau am Kamp–Idolsberg–Wegscheid am Kamp–Altpölla–Nondorf–Neupölla

Einstieg: Neupölla – Hauptplatz
Gesamtlänge: 26,7 km
Gesamthöhenunterschied: 590 Hm
Asphalt: 13,8 km
Schotterstraße/Forstweg: 12,9 km

Tipp: Thurnberger Stausee – Badeplatz bei Campingplatz Krumau; Burg Krumau

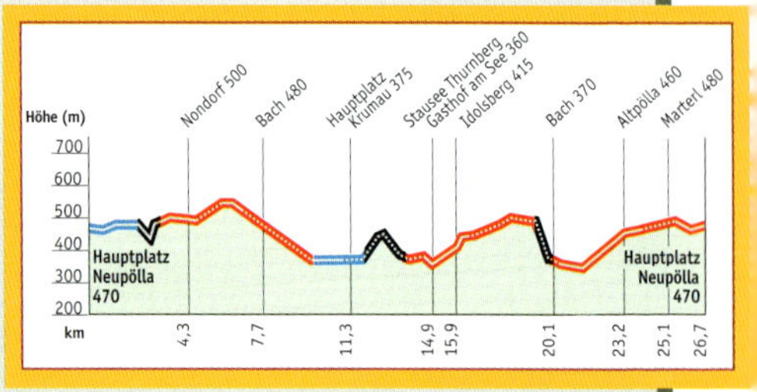

Einkehr:
- Gasthof zum See in Idolsberg – Fischgerichte!

Info:
- Marktgemeindeamt Pölla, Nr. 4, 3593 Neupölla
  ☎ 02988/62 20 · Fax DW 4, gemeinde.poella@wvnet.at

Schöne Strecke mit vielen Plätzen, die zur Rast bestens geeignet sind (Thurnberger Stausee). Steile Anstiege und schöne Abfahrten.

Auf Asphalt durch den Ort Richtung Bundesstraße 38, diese queren und weiter auf Güterweg nach Kleinraabs. Weiter bergab und vor der Raabsmühle rechts in den Wald durch Bach, danach Waldweg steil bergauf und oben links Richtung Nondorf über Wiese. In Nondorf links auf Feldweg weiter leicht steigend bis zur Landesstraße, auf dieser bis zur Abzweigung nach Tiefenbach. Genau schauen, hier führt die Strecke nach links über Feldweg in den Wald. Am Waldrand Einfahrt in den Singletrail bergab, unten durch Bach, danach kurz bergauf auf Waldstraße. Weiter nach links bis zu einer Kreuzung im Wald. Bei dieser Kreuzung besteht

die Möglichkeit, einen kurzen Abstecher zur Ruine Schwarzenöd zu machen, ungefähr 150 m neben der Strecke. Weiter bergab auf Waldweg (im Sommer sehr verwachsen). Unten angekommen durch den Kamp (nicht immer leicht, da das Wasser manchmal recht tief ist) auf die Landstraße Richtung Krumau. Im Ort angekommen weiter über den Hauptplatz zum Campingplatz, der sich direkt neben dem Stausee Thurnberg befindet. Beim Restaurant vorbei bergauf in den schmalen Wanderweg nach Idolsberg. Sehr steil mit toller Aussicht auf den See. Oben angekommen nach

Waldwege zum Wandern und Biken

links auf Waldweg hinunter bis ans Seeufer zum Gasthof zum See, (hier ebenfalls Einstieg möglich). [Gasthof mit sehr guter Küche und Übernachtungsmöglichkeit.] Weiter in den Ort Idolsberg, danach bergauf über Güterwege und Forststraßen. Bei einem Bauernhof durch den Hof und danach in den Wald steil bergab in den Scherzgraben. Unten durch den Bach und kurz danach erreichen wir Wegscheid. Ab hier Asphalt bergauf nach Altpölla, durch den Ort und weiter auf Feldwegen nach Neupölla zurück zum Ausgangspunkt.

4. ROSENBURG-STRECKE

Rosenburg–Burg Rosenburg–Etzmannsdorf–Stallegg–Rotes Kreuz–Rosenburg

Einstieg: Rosenburg Postamt
Gesamtlänge: 14,7 km
Gesamthöhenunterschied: 243 Hm
Asphalt: 4 km
Schotterstraße/Forstweg: 10,7 km

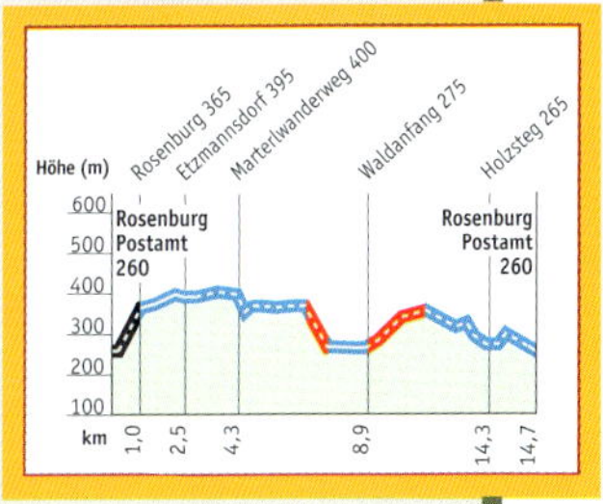

Tipp: Die Geschichte der Rosenburg reicht bis ins 12. Jahrhundert zurück. Die Burg dient heute als Museum. Es finden auch zahlreiche Kulturveranstaltungen sowie Flugvorführungen von Greifvögeln statt.

Einkehr: Restaurant Rosenburg

Info: • Gemeindeamt, Nr. 25, 3573 Rosenburg,
☎ 02982/29 17 · Fax DW 4
gemeinde@rosenburg-mold.at · www.rosenburg-mold.at

Bis auf den Anstieg zur Rosenburg eher gemütlichere MTB-Strecke, die zum größten Teil durch Wald führt.

Kurz auf Bundesstraße, danach rechts abzweigen über Kampbrücke, vorbei an schöner, alter Villa. Ab hier auf Wanderweg steil bergauf, vorbei an der Grasl-Höhle, zur Rosenburg. Vorbei am Restaurant neben der Burg gelangen wir auf den Parkplatz. Ab hier Asphalt bis Etzmannsdorf (ca. 1,5 km), danach auf Feldweg und kurz darauf in den Marterlwanderweg bergab zum Gansbach. Unten angekommen Steg überqueren; weiter leicht bergauf neben die Landstraße und gleich wieder in den Wald. Im Wald stoßen wir auf Forststraße, diese immer entlang leicht bergauf bis zum Wanderweg nach Gars. Weg bergab bis zum Asphaltweg der Dungl-Strecke. Auf Asphalt weiter. Bundesstraße queren, kleine Straße bergauf, die Strecke führt wieder in den Wald. Waldweg bergauf und nach 2 km kommen wir zum Roten Kreuz. Hier nach links den Güterweg entlang, an Feldern vorbei wieder in

den Wald bergab in den Lausgraben. Unten angekommen nach links auf Waldweg weiter Richtung Rosenburg und zurück zum Ausgangspunkt.

Greifvogelschau auf der Rosenburg

5. DUNGL-STRECKE

Gars–Ruine Gars–Mariabründlkapelle–Stallegg–Rotes Kreuz–Gars

Einstieg: Gars – Kräuterbrunnen
Gesamtlänge: 8,3 km
Gesamthöhenunterschied: 110 Hm
Asphalt: 6,1 km
Schotterstraße/Forstweg: 2,2 km

Tipp: Babenberger Burgruine mit Gertrudskirche; slawische Wallburg auf der Schanze; Erlebnisbad

Einkehr: Rössel Stube

Info: • Marktgemeindamt, Hauptplatz 82, 3571 Gars am Kamp, ☎ 02985/22 25 · Fax DW 24, gemeinde@gars.at · www.gars.at

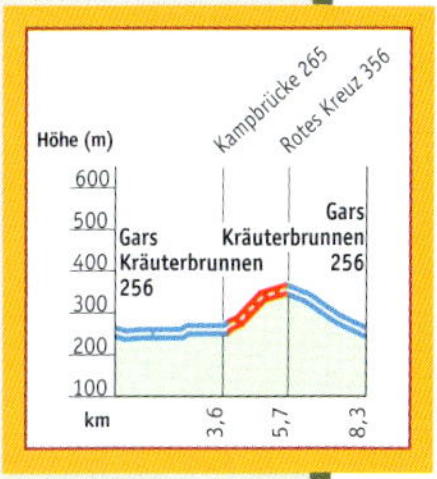

Einfache MTB-Strecke, die auch von Gästen des Biotrainingshotel Dungl zum Joggen oder Biken genutzt wird. Oft trifft man hier auch prominente Sportler beim Training.

Fußgängerzone leicht bergab (zweite Einstiegstafel am Parkplatz vor Sporthotel Dungl). Über Kampbrücke, Schienen queren, nach rechts auf Asphalt beim Bahnhof Gars/Thunau vorbei in schmalen Weg, der neben den Schienen läuft, weiter, diese wieder queren und auf Straße Richtung Marienbründlkapelle. Weiter auf Weg, Rosenburg-Strecke mündet ein, bis zur Haltestelle Stallegg. Nach links über Brücke, Bundesstraße 34 queren, in Straße gegenüber bergauf. Nach kurzem Asphaltstück beginnt der Waldweg. Diesen bergauf bis zum Roten Kreuz. Oben angekommen die Rosenburg-Strecke nach links, die Dungl-Strecke nach rechts zusammen mit der MTB-Strecke Bioweg, die von links – der Rosenburg-Strecke entgegen – einmündet. Auf Güterweg bergab bis zur Landstraße, diese nach rechts zurück zum Ausgangspunkt am Hauptplatz oder zum Sporthotel Dungl.

Badehaus in Gars

6. BACHLWEG

Gars–Hirschbach–Tautendorf–Stiefinger Leiten–Plank am Kamp–Schafberg–Maiersch–Stranitzberg–Gars

Einstieg: Gars – Hauptplatz
Gesamtlänge: 32 km
Gesamthöhenunterschied: 475 Hm
Asphalt: 10,5 km
Schotterstraße/Forstweg: 21,5 km

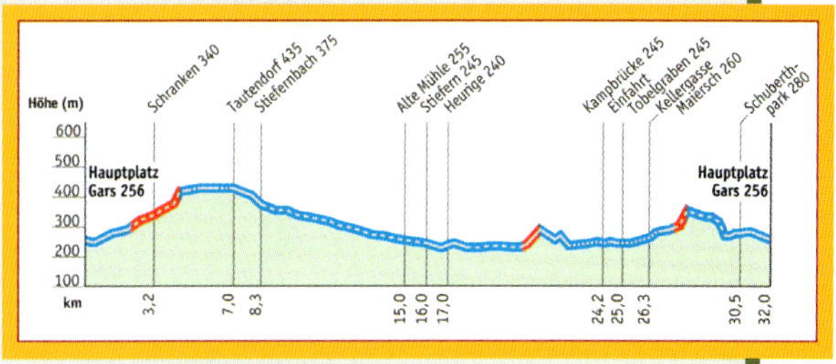

Tipp: siehe Dungl-Strecke, Nr. 5

Einkehr: Heurige in Stiefern

Info: • Marktgemeindamt, Hauptplatz 82, 3571 Gars am Kamp, ☎ 02985/22 25 · Fax DW 24, gemeinde@gars.at · www.gars.at

Bis auf einige Bachquerungen eher leicht zu befahrende MTB-Strecke. Schöne Landschaft, jede Menge Waldboden, Rastmöglichkeiten bei vielen Heurigen, die immer an der Strecke liegen. Mit Gars am Kamp ein sehenswerter Ausgangspunkt.

Fußgängerzone leicht bergab Richtung Kampbrücke. Diese queren, weiter Richtung Thunau (Blick auf Ruine Gars); nach ca. 2 km Beginn des Feldweges entlang des Hirschbaches nach Donnerreih. Nach ungefähr 3 km Forst- und Waldwegen weiter auf Asphalt nach Tautendorf. Kurze Ortsumfahrung, weiter auf Landstraße führt die Strecke nach 1,3 km in den Wald. Auf den folgen-

den 8 km verläuft die Strecke immer eben entlang des Stiefernbaches, den wir mehrmals queren, durch sehr schönes Waldgebiet. Vorbei an einer alten Mühle nach Stiefern. Durch den Ort, vorbei an Weinkellern und Heurigen, danach auf dem Kamptalradweg entlang des Kamp bis kurz vor Buchberg. Über Kampbrücke, durch Bahnunterführung, über Bundesstraße in den Wald und entlang des Tobelbaches nach Maiersch. Am Ortsanfang links in die Kellergasse auf Erdboden zwischen den Weinkellern bergauf Richtung Stranitzberg. Weiter auf Feldwegen kommen wir zu einer Abfahrt, die uns direkt zur Dungl-Tennishalle bringt. Ab hier 2 km Asphalt eben zurück zum Ausgangspunkt.

7. ZWEIGELT-TOUR

Langenlois–Straß–Stiefern–Oberreith–Seeberg–Bockshörndl–Langenlois

Einstieg: Langenlois – Ursin-Haus
Gesamtlänge: 30,2 km
Gesamthöhenunterschied: 670 Hm
Asphalt: 11,2 km
Schotterstraße/Forstweg: 19 km

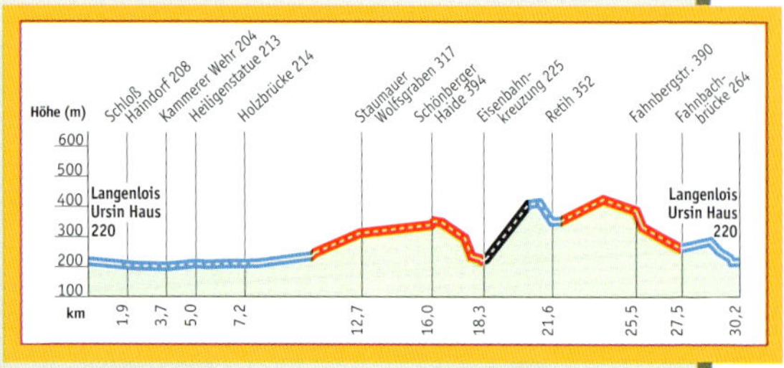

Tipp: Schloss Haindorf ist bekannt für kulturelle Veranstaltungen und Weinverkostungen. Straß im Straßertal – Weinort mit vielen Heurigen und eigenem Weinmuseum.

Einkehr: • Eisenböck Strasserhof
• Wirtshaus Mayrhofer in Langenlois

Info: • Ursin-Haus Vinothek & Tourismusservice GmbH, Kamptalstraße 3, 3550 Langenlois, ☎ 02734/20 00-0 · Fax DW 15, info@ursinhaus.at · www.ursinhaus.at, www.langenlois.at

Landschaftlich sehr schöne Strecke vorbei an Heurigen und Weinkellern. Auch für wenig geübte Mountainbiker geeignet.

Auf Asphalt über den Hauptplatz (Kornplatz), danach links der Promenade neben dem Loisbach entlang Richtung Haindorf. Bundesstraße queren, auf Feldweg weiter zum Schloss Haindorf. Vor dem Schloss rechts, kurzes Stück Asphalt, danach links wieder auf

Feldweg entlang der Au. Am Ende der Au auf Asphalt ca. 300 m, weiter auf Schotter neben dem Kamp nach Kammern. Über Feldwege führt die Strecke immer eben nach Straß im Straßertal. Durch den Ort auf Asphalt bis zum Schießplatz, danach Landstraße queren; auf Forststraße weiter, immer bergauf Richtung Schönberg am Kamp. Vorbei an Weingärten und Feldern gelangen wir zur großen Heide. Ab hier ca. 300 m wieder Asphalt, danach einbiegen auf Wiesenweg zum Kalvarienberg (kleine Kapelle, 100 m neben der Strecke). Weiter bergab, auf dem Waldlehrpfad (schmaler Weg), kommen wir zum Marterlwanderweg, dem wir bis Stiefern folgen. Bundesstraße queren; über Schienen und Kampbrücke durch den Ort auf Asphalt, danach wieder auf Forststraße bergauf auf den Klopfhartsberg zum Jagerkreuz. Weiter auf Feldweg, kurz Asphalt, wieder Feldweg bergab nach Oberreith. Durch den Ort auf Asphalt; nach ca. 400 m biegen wir in den Wanderweg Richtung Schiltern ein. Schwer zu fahrender Anstieg bis zum Roten Kreuz ca. 2 km. Beim Roten Kreuz Wanderweg nach links verlassen, auf Schotter weiter leicht bergab vorbei am Breitenfeldkreuz Richtung Fahnberg. Durch Weingärten bergab auf Forststraße, danach auf Asphalt leicht steigend Richtung Bockshörndl. Weiter Richtung Langenlois auf der alten Seestraße, danach Bahnstraße zum Hauptplatz (Kornplatz) und rechts zurück zum Ausgangspunkt.

Aussichtswarte am Heiligenstein

8. GFÖHLERWALD-STRECKE

Gföhl–Loidl–Sauerbrunnbach–Schweizerhof–Gföhl

Einstieg: Gföhl – Hauptplatz
Gesamtlänge: 17,5 km
Gesamthöhenunterschied: 275 Hm
Asphalt: 5,5 km
Schotterstraße/Forstweg: 12 km

Tipp: Im Sommer finden im alten Steinbruch (bei km 7) die Winnetouspiele statt.

Einkehr: • Gasthaus Braun, Gföhl
• Gasthaus Haslinger, Gföhl
• Gasthaus Winkler, Gföhleramt

Info: • Gemeindeamt, Hauptplatz 3, 3542 Gföhl,
☎ 02716/63 26-0 · Fax DW 26,
gemeinde@gfoehl.at · www.gfoehl.at

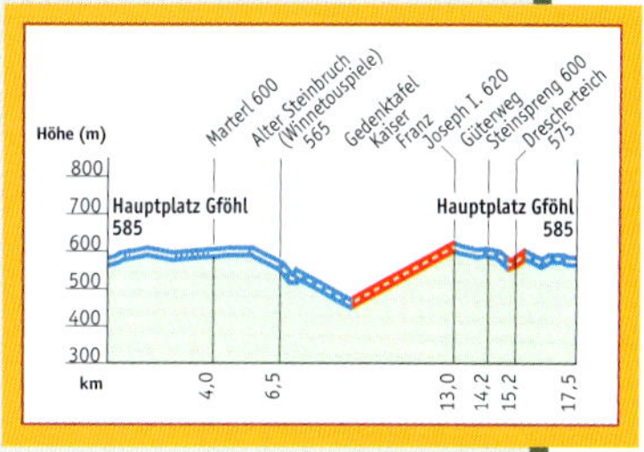

Eine sehr einfach zu fahrende Strecke, die auch für Familienausflüge geeignet ist.

Gegenüber dem Hauptplatz auf Asphaltstraße bis zum Anfang des Kieselweges, rechts leicht steigend, weiter auf Schotter bis zur Unterführung der Bundesstraße 37. Hier nach rechts auf schmaler Asphaltstraße bis zur Abzeigung in Feldweg. Den Feldweg immer entlang, bis wir auf eine Asphaltstraße stoßen. Nach rechts und nach Linkskurve weiter bis zum Waldrand. Kurz danach wieder links Richtung Rauscher. Hier weiter auf Forstweg leicht bergab (immer im Wald) bis zu einer Kreuzung. Hier nach links, oben auf Felswand Gedenktafel für Kaiser Franz Josef I. Forststraße immer bergauf bis zur Landstraße, diese queren und wieder auf Forstweg weiter bis zu einer kleinen Kreuzung. Weiter auf Forstweg nach links, Richtung Drescherteich, danach Feldweg leicht bergauf bis zur schmalen Ashaltstraße neben der Bundesstraße

37. Diese nach links und gleich wieder rechts durch Unterführung der Bundesstraße 37. Der anfangs gewählten Strecke in Gegenrichtung folgend zurück zum Ausgangspunkt.

9. HUBERTUS-STRECKE

Ottenschlag–Teichmannser Wand–Ottenschlag

Einstieg: Ottenschlag
Gesamtlänge: 4,9 km
Gesamthöhenunterschied: 70 Hm
Asphalt: 0 km
Schotterstraße/Forstweg: 4,9 km

Tipp: Im Winter wird die Strecke auch als Langlaufloipe genutzt.

Einkehr: Gasthöfe in Ottenschlag

Info: • Gemeindeamt, Oberer Markt, 3631 Ottenschlag,
☎ 02872/73 30 · Fax DW 4
gemeinde@ottenschlag.com

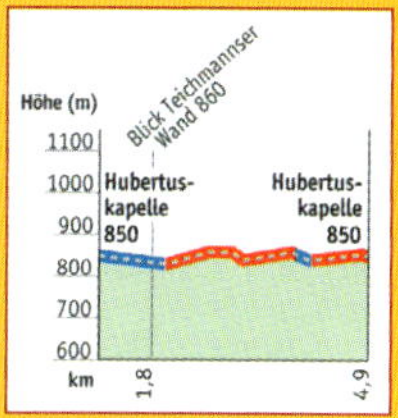

Diese Strecke weist zwar keine großen Höhenunterschiede auf, ist aber dennoch anspruchsvoll, da Fahrgefühl gefordert ist.

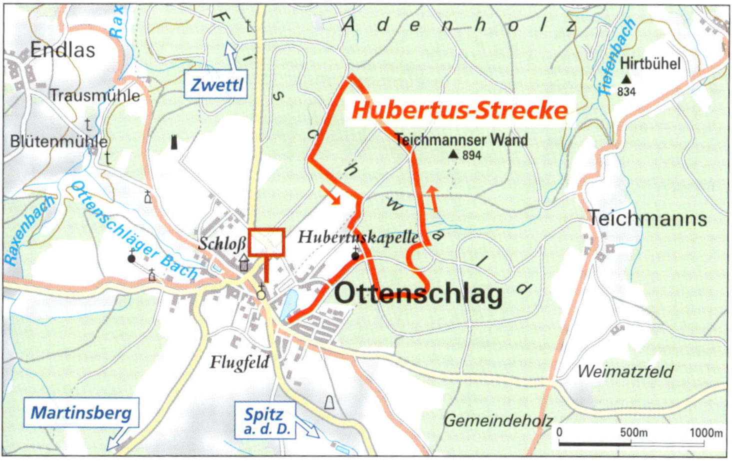

Auf Asphalt Richtung Hubertuskapelle. Ab der Hubertuskapelle beginnt ein kurzer Rundkurs. Dieser führt 4,9 km auf Singletrails nur über Waldboden bzw. durch Sumpfgebiet (mit kurzen Anstiegen und leichten Abfahrten) zurück zur Hubertuskapelle.

Die Hubertusroute führt großteils durch Wald.

10. WEINSTEIN-TOUR

Mühldorf–Niederranna–Burg Oberranna–Fohra–Eichberg–Lothauhof–Trandorf–Jauerling–Elsarn am Jauerling–Mühldorf

Einstieg: Mühldorf Marktplatz
Gesamtlänge: 40 km
Gesamthöhenunterschied: 1750 Hm
Asphalt: 10,2 km
Schotterstraße/Forstweg: 29,8 km

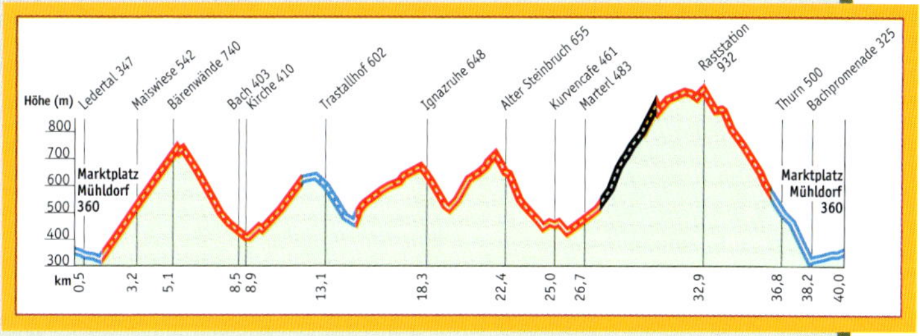

Tipp: Erlebnisbad Mühldorf; Burg Oberranna

Einkehr: Gasthöfe in Mühldorf

Info: • Gemeindeamt, Nr. 10–11, 3622 Mühldorf, ☎ 02713/82 30 · Fax 02713/87 00, gemeinde@muehldorf-wachau.at · www.muehldorf-wachau.at

Diese Tour bietet für jeden MTB-Biker etwas. Abwechslungsreiche Streckenführung durch dunkle Wälder, Weinberge der Wachau, vorbei an der geschichtsträchtigen Burg Oberranna, über das Graphitbergwerk Amstall und den Jauerling. Natürlich jede Menge Singletrails und Downhillpassagen. Eine anspruchsvolle Strecke.

Auf Asphalt durch den Ort; etwas außerhalb, nach 2,4 km, Beginn der Schotterstraße. Leicht steigend über Maiswiese, danach in den Wald Richtung Bärenwände. Hier befinden wir uns bereits auf 740 Hm. Weiter durch Senke, danach bergab auf Waldweg zur

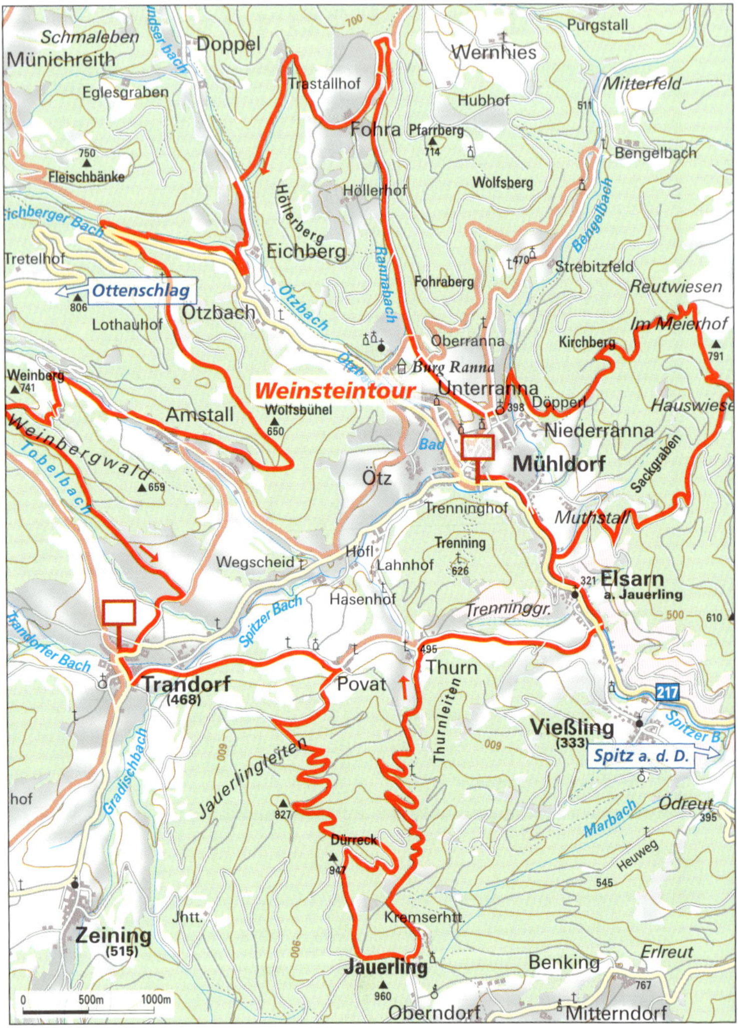

Winkler Wiese. Ab hier wieder auf Schotter bergab, durch Bach nach Pranthof. Asphaltstrecke Richtung Burg Ranna, danach wieder Schotterstraße Richtung Fohra. Weiter Richtung Trastallhof, kurz davor nach links, kurzes Stück Asphalt, danach wieder Schotter bzw. Waldboden. Strecke bergab, bis zur Asphaltstraße (583 Hm), danach wieder bergauf auf Waldboden über Lothauhof

(Raststation) zur Ignazruhe. Anschließend bergab nach Amstall. Hier Asphalt, ca. 500 m, danach Waldweg bergauf zum Aussichtspunkt auf 720 Hm. Wieder bergab auf Asphaltstraße Richtung Trandorf. Über den Tobelbach, weiter auf Landstraße nach Trandorf, bei ehemaliger Schule nach links, kurz danach ca. 1 km Schotterweg und weiter auf Asphalt nach Povath. Durch den Ort, danach bergauf mit abwechselnd Schotter, Waldwegen und Singletrails auf den Jauerling. Oben angekommen höchster Punkt der Strecke 960 Hm, Rastmöglichkeit bei Raststation. Danach wieder bergab; nach ca. 3 km beginnt der Asphalt. Weiter nach Elsarn und zurück nach Mühldorf zum Ausgangspunkt.

11. SULZBERG-STRECKE

Persenbeug–Metzling–Rottenhof–Hirschensprung–Ruprechtsmauer–Rotes Kreuz–Feldmüllerstall–Kalz–Persenbeug

Einstieg: Persenbeug – GH Böhm
Gesamtlänge: 29,2 km
Gesamthöhenunterschied: 625 Hm
Asphalt: 8,4 km
Schotterstraße/Forstweg: 20,8 km

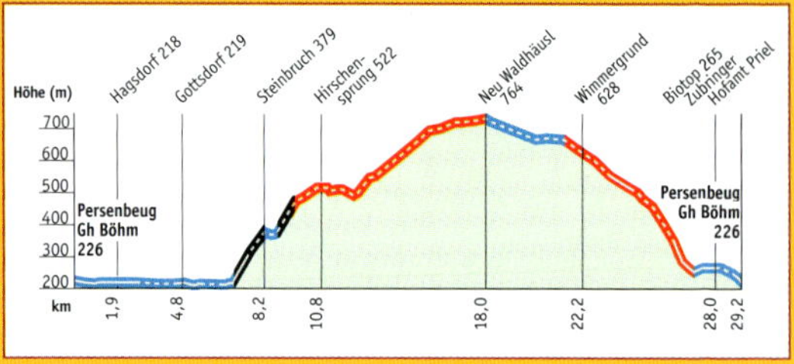

Tipp: Heimatmuseum Persenbeug

Einkehr: Gasthöfe in Persenbeug

Info: • Gemeindeamt Persenbeug-Gottsdorf
Rathausplatz 1, 3680 Persenbeug, ☎ 07412/522 06 · Fax 07412/535 30, gde.persenbeug@wvnet.at · www.tiscover.com/persenbeug-gottsdorf

Schöne MTB-Strecke mit einem langen Anstieg, toller Aussicht zur Donau, guten Forststraßen und super Singletrails.

Auf Asphalt (kurz Wiese) entlang des Donauufers nach Metzling. Hier Bundesstraße 3 queren. Weiter auf Asphalt bergauf, mündet die Strecke am Ortsende von Rosenbichl in die Forststraße Richtung Hirschensprung ein. Nach ca. 3 km Forststraße Einmündung in Karrenweg, eben entlang bis zur nächsten Forststraße. Von hier an wechseln sich Forst- und Karrenwege ab, die immer bergauf bis nach Neu Waldhäusl führen. Hier befinden wir uns am höchsten Punkt der Strecke (764 Hm). Bergab über Forstwege, die teil-

Sulzberg-Strecke
Neuwaldhäusl
Kollnitz
Kollnitzer Halt
Beinlochwiesen
Edelsreith
Steinbach
Ob.-steinbach
Sulzwald
Ruprechtsmauer
Grub
Obersteinbach
Sulzberg
852
677
Rotes Kreuz
Gehartau
567
704
Steinernes Kreuz
Eisernes Tor
639
Erlau
Hilmanger
Im Aschern
Am Briefling
Kienberg
Obererla
681
Wolfseck
673
Nagerlholz
Angerwiese
Wimmergrund
Langenloh
514
Hirschensprung
Teichbachl
Toberl
Winklermühle
Teufelsmutter
Zinn
588
330
Feldmüllerstall
Auratsberg
482
Großer-
Mühlberg
509
Im roten Kessel
Kleiner
509
Tümlingleiten
Kleinmitterberg
532
Kracking
Lojab.
Teufelsgr.
366
Donauleiten
Klein Pöchlarn
Großmitter-
berg
Lojawald
Ganz
Eichberg
483
Stb.
Galgenleiten
220
Am Reitern
Doberg
462
Infang
Loja
Wallenbach
218
Rottenhof
226
Fürholz
Steinbründl
Knogl
Doberg
Rosenbichl
Diedersdorf
268
Kalz
Hofamt
Priel GDZ
Fürholz
Metzling
Priel
Forsthub
Grein
Holzian
Rehbg.
Hst.
Säusenstein
237
Bhf.
224
253
Krw. Ybbs-Persenbeug
Obergraben
Oedhof
Persenbeug
Gottsdorf
Kleinhäuslergr.
Untergraben
Mitterberg
DONAU
Scharlreith
Säusensteiner B.
222
Auf der Scheibe
Ybbs
a. d. Donau
Schst.
Eichberg
224
0
500m
1000m
Reitering
222
Hagsdorf
Aigen
Reist
Sarling
(250)
Reister B.
Berging

weise wieder zu Singletrails werden, nach Wimmergrund. Einmündung der Kaiser-Strecke. Gemeinsam geht's weiter, teilweise Asphalt, Forstweg und Karrenweg, nach Priel. In Priel beim Gemeindezentrum links bis zum Feldweg, der an einem Biotop vorbeiführt und zum Karrenweg wird, bergab zur Bundesstraße. Diese queren und zurück zum Ausgangspunkt.

12. YSPERKLAMM-STRECKE

Bärnkopf–Weinsbergwiese–Gutenbrunn–Gmaining–Am Reith–Königswald–Schlesingerteich–Bärnkopf

Einstieg: Einkehrstube Wackelstein
Gesamtlänge: 31,4 km
Gesamthöhenunterschied: 684 Hm
Asphalt: 6,9 km
Schotterstraße/Forstweg: 24,5 km

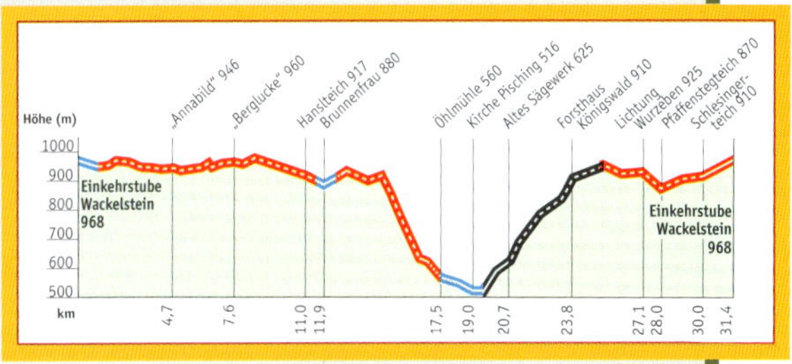

Tipp: Ysperklamm. Der 2-km-Abstecher ist zu empfehlen. Nicht nur wegen der Naturschönheiten der Klamm, sondern auch der kulinarischen Genüsse im Forellenhof wegen. Schlesingerteich: nicht nur Fisch-, sondern auch Badeteich. Vom Teichwärterhaus kann man über den Wanderweg Nr. 3 in ca. 10 Minuten einen mystisch anmutenden Ort, die Opfersteine, besuchen.

Einkehr: Gasthöfe in Bärnkopf

Info: • Tourismusbüro, Nr. 114, 3665 Bärnkopf,
☎ 02874/84 01 (auch Fax), fvv.baernkopf@a1.net

Die MTB-Strecke Ysperklamm hat bei einer Gesamtlänge von 31,4 km nur knapp 7 km Asphaltanteil. Super Strecke mit toller Aussicht.

Vom Startplatz durch den Ort, vorbei an Kirche und Gasthof Schiefer zum Friedhof. Dort verlässt man links abbiegend die Asphaltstraße. Vorbei an Haus Nr. 35 geht's hinein in den Wald. Bei einer Forststraßenkreuzung trifft man auf die Verbindungsloipe

Bärnkopf (968)
965
Schleiderberg
Hirschberg 1010
Lehmgrubenwiese
Weinsbergwiese
Fh.
1041
Weinsberg
Reifenauwiese
Sauberg
Schlesingerteich
Dreiblöchlberg
Brand 1030
Fh. Schöngrund
Neustallwiese
Kl. Föhrenscheibe 976
1022
Bruckberg 915
Schöngrund
Teichgraben
Gr. Ysper
Pfaffenstegteich
868
Ysperklamm-Strecke
868
966
Wurzeben
Schildbuche
Königswald
805
893
919
Ödteich 836
Jägerwald
Triangel
Ysperklamm
Kaisermauer 998
903
Königwald
Fh.
911
SG.
Humpellehen
952
Kogres
Schaflucken
Heuschöberl
Lehen
922
Schlüsselreith
Saubachl
Ruine Wimburg
Wimberg
902
Sausäge 626
Schlagleiten
Kirchenwald
992
Am Reith
Ort
0 500m 1000m
Hochweid
Wegenstein
Fuchsreith
Dörfl
529
551

Mertlteichwiese
Gr. Höllberg
1001
Kl. Höllberg
987
tzwiese
Teichwiese
Kampleiten
Edlesberger Teich
Stifter Teich
Roßmühle
Kampleitenteich
Auf der Stift
997
Edlesberg
Berglucken
Opferschale
1016
Zwettlstein
Martinsberg
Weitenb.
995
Schöneck
Kreuzdonnerbg.
Gutenbrunn
(858)
Schloß
Hansiteich
Glashütte
Ysperklamm-Strecke
943
962
Bärenwand
Weinsberger Wald
Neideck
1004
Klafterbach
Schwarzbachl
Kronreith
Kaltenberg
Ochsenstrauß
1022
Pfefferreith
Wh. Forellenhof
Winkl
Oedhof
Hirschenstein
Pernsoll
Schindler
Ratschengraben
Ulrichschlag
Hasla
922
Geißberg
881
Grub
Voglhof
Wim
Reith
Windpaß
Dörfles
Eggathon
Pichl
Ried
Pyhra
Gutscherhof
Sieben-
dürfting
Ölmühle
Grubhof
Gmaining
Weghäuser
Pisching
(516)
Guten-
bach
Ysperta
Laimbach
am Ostrong
(526)
Höf
Au
Trumhäuser

nach Gutenbrunn. Interessant ist, dass hier einmal die Schmalspur-Holzbahn fuhr, ehe in neuerer Zeit schwere LKWs den Holztransport übernahmen. Die alte Bahntrasse hat den Vorteil, keine größeren Steigungen aufzuweisen. Bis zur Abzweigung Saggraben verläuft auch die Dürnberg-Strecke parallel. Ab hier fährt man der Waldbahn-Strecke entgegen. Bei km 11 erreicht man den Hanslteich und nach ca. 900 m kreuzt man die Landstraße im Ortsgebiet von Gutenbrunn. 100 m danach im spitzen Winkel nach rechts zum Sportplatz abbiegen. Man trennt sich von der Waldbahn-Strecke, dafür der einmündenden Pulvermühl-Strecke parallel folgen. Leicht ansteigend erreicht man die Asphaltstraße nach Ulrichschlag, folgt dieser ein Stück, verlässt sie aber wieder

Ysperklamm

bei einer großen Forststraßenkreuzung nach rechts. Ebenso wechselt auch die begleitende Strecke. Statt der Pulvermühl-Strecke verläuft jetzt die Riederberg-Strecke parallel. Es folgt eine leichte Abfahrt über eine gute Forststraße. Ab dem Schwarzbachl gibt es wieder einen leichten Gegenanstieg.
Bei einem Marterl oberhalb des Ödhofes verlässt man den Wald. Hier hat man einen wunderschönen Blick ins Yspertal und auf den gegenüberliegenden Ostrong mit dem 1061 m hohen Peilsteingipfel. Ab hier bergab über eine Wiese sowie einen Sandweg, am linken Waldrand vorbei und über steinigen Weg Richtung Ried. Nach 300 Hm erreicht man eine schmale Asphaltstraße. Weiter über Wiese zum vorläufig tiefsten Punkt, bei der Ölmühle. Kurz danach trennen wir uns von der Riederberg-Strecke und unsere Strecke mündet in die Leithen-Panorama-Tour ein, die rund um den Ostrong führt. Nach der Ortsdurchfahrt Pisching haben wir bei der Brücke über die Ysper den tiefsten Punkt der Strecke erreicht. Gleich danach Hinweisschild Ysperklamm. Von dort bergauf auf Asphalt bis zum letzten Haus am Reith. Vorbei am alten Sägewerk (genannt die „Sausäge", weil am Saubachl gelegen) führt die steinige Bergstraße zum Forsthaus Königswald hinauf. Ab dem Forsthaus geht es dann über Sandstraßen geradlinig bis zur Lichtung Wurzeben, einer kleinen Häusergruppe. Weiter zum Pfaffenstegteich und dann im letzten Anstieg zum Schlesingerteich kurz vor Bärenkopf. In ca. 10 Minuten über den Wanderweg Nr. 3 oder die letzten 800 m über eine holprige Asphaltstraße zurück zum Ausgangspunkt.

13. HÖLLBERG-STRECKE

Edlesberg–Oed–Reitzendorf–Vd. Waldhäuser–Heinreichs-Spitzwiese–Edlesberg

Einstieg: Pension Seewolf
Gesamtlänge: 14,7 km
Gesamthöhenunterschied: 196 Hm
Asphalt: 5,8 km
Schotterstraße/Forstweg: 8,9 km

Tipp: Von der Pension Seewolf auch MTB-Touren bis in die Wachau möglich. Rückholdienst im Kleinbus mit Radanhänger wird ebenfalls angeboten.

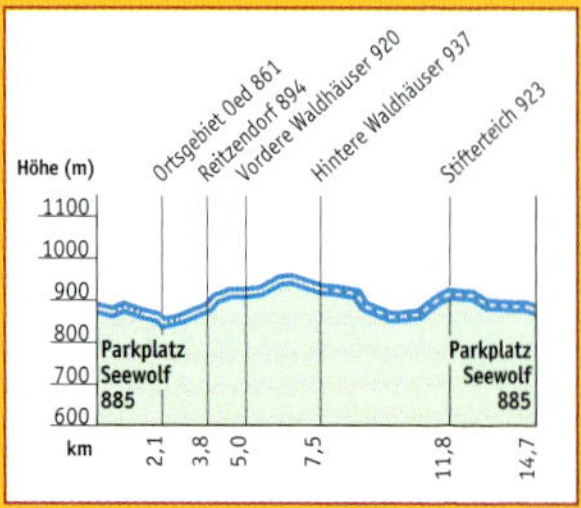

Einkehr: • Pension Seewolf

Info: • Pension Seewolf, Nr 15, 3665 Edlesberg am See, ☎ 02874/63 03 · Fax DW 4, seewolf@wvnet.at · www.tiscover.com/seewolf

Eine Strecke für MTB-Einsteiger und Familien, auch mit Trekkingrädern befahrbar.

Die Strecke führt zunächst am rechten Teichufer entlang, dann rechts abbiegen über ein kurzes Asphaltstück, von dem man bei einem großen Holzschuppen links in einen Jungwald abzweigt. Nach ca. 400 m kommt man aus dem Wald heraus und fährt rechts über Felder zur Häusergruppe „Oed", wo man auf die Himmelteich-Strecke trifft. Durch den Ort und weiter auf einem Feldweg zum Reitzendorfer Teich. Jetzt geht es ca. 4,5 km auf Asphalt bis „Hintere Waldhäuser". 500 m außerhalb von Reitzendorf zweigt die Himmelteich-Strecke rechts ab. Hier mündet die Rotes-Kreuz-Strecke ein, die uns bis „Vordere Waldhäuser" begleitet. So kommt man zur Wachtstein-Strecke, die nach Trauenstein führt. Bei der Häusergruppe „Hintere Waldhäuser" verlassen wir die Asphaltstraße links über eine Wiese und erreichen nach 500 m wieder eine Forststraße. Auf dieser geht es leicht bergab, ca. 2 km bis zur Mertlteichwiese bzw. Spitzwiese. Die Höllberg-Strecke

Am Edlesberger Teich

wendet sich nun nach links und führt zusammen mit der Waldbahn-Strecke nach Edlesberg. Weiter auf Forststraße, leicht ansteigend zum Stifterteich und von dort die letzten 2 km eben bzw. leicht bergab zum Ausgangspunkt zurück.

14. TEICH-STRECKE

Ottenschlag–Neuhof–Bernreith–Reith–Ottenschlag

Einstieg: Ottenschlag – Gemeindeamt
Gesamtlänge: 15 km
Gesamthöhenunterschied: 226 Hm
Asphalt: 6 km
Schotterstraße/Forstweg: 9 km

Tipp: Badeteiche in Ottenschlag

Einkehr: Gasthöfe in Ottenschlag

Info: • Gemeindeamt,
Oberer Markt, 3631 Ottenschlag,
☎ 02872/73 30 · Fax DW 4,
gemeinde@ottenschlag.com

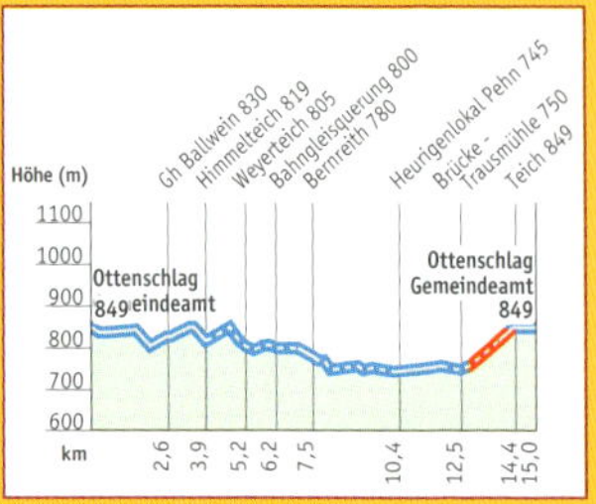

Mehrere Teiche liegen an dieser Strecke.

Einfach zu fahrende Strecke, schöne Waldwege, Teiche mit Bademöglichkeit zum Entspannen.

Auf Landstraße nach Neuhof. Durch den Ort, über Schienen und danach auf Forststraße in den Wald leicht bergab zum Himmelteich. Beim Teich nach rechts auf Forstweg leicht bergab durch den Wald zum Weyerteich. Neben dem Teich Bach queren, danach auf Singletrail bergauf. Oben nach kurzem, aber steilem Anstieg neben Bahngeleisen weiter bis zur Landstraße. Bahngeleise queren, danach weiter auf Forstweg nach Bernreith. Durch den Ort, danach Feldweg, der in den Wald führt und zum Karrenweg wird. In Reith auf Asphalt bis zur Trausmühle. Ab der Trausmühle bergauf über Skipiste bis zur Asphaltstraße. Diese Richtung Ottenschlag, vorbei an Fischteich, zurück zum Ausgangspunkt.

15. EICHELBERG-STRECKE

Karlstift–Stierhübelteich–Hinterbrühl–Stadlberg–Eichelberg–Karlstift

Einstieg: Karlstift – Sportplatz
Gesamtlänge: 12,9 km
Gesamthöhenunterschied: 262 Hm
Asphalt: 3,8 km
Schotterstraße/Forstweg: 9,1 km
Tipp: Stierhübelteich, Kapelle
Einkehr: • Gasthaus Josef Zeiler
Info: • Gasthaus Zeiler,
Nr. 36, 3973 Karlstift,
☎ 02816/235 · Fax DW 20

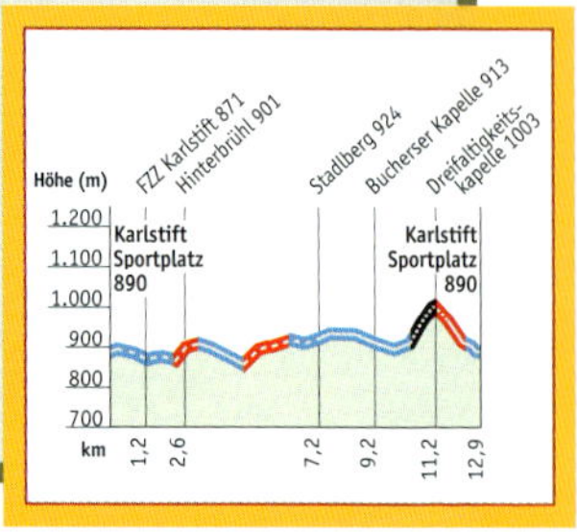

Strecke mit mittlerem Schwierigkeitsgrad, die uns bis auf 1003 Hm (Dreifaltigkeitskapelle) bringt. Sehr viel Waldboden.

Kurz Asphalt, danach rechts auf den Forstweg in den Wald. Auf diesem weiter bis zum Stierhübelteich. Am Teich vorbei in Karrenweg, teilweise tiefer Waldboden, Richtung Bundesstraße 38. Auf Bundesstraße weiter Richtung Sandl und nach ca. 1,6 km rechts auf Forststraße abzweigen. Ab hier immer leicht steigend auf Forststraße durch Wildschutzgbiet Richtung Staatsgrenze zu Tschechien. Entlang der Grenze kann man noch teilweise die Wachtürme der tschechischen Grenzsoldaten sehen. Ab Stadlberg ca. 3 km Asphalt, danach wieder Waldboden. Am Lainsitzursprung vorbei zur Dreifaltigkeitskapelle. Ab der Gmündner Hütte wieder Asphaltstraße, die uns nach Karlstift zum Ausgangspunkt zurückbringt.

CZ
Lainsitz
Lainsitz-
ursprung
Weitra
Am Sand
936
932
928
Eichelberg
1054
936
Stadlberg
Dreifaltigkeitskpl.
Karlstift
Hinterbrühl
Groß
Gerungs
895
Flußsieder
Höllauteich
Schafriedel
Stierhübelteich
923
Eichelberg-Strecke
Höllaub.
38
Stierhübel
Kohlstadlhtt.
877
Vorderer-
- Schanzer Berg
Hinterer-
1010
1000
Höllberg
Grenzb.
872
Sandl
Kolmbach
0
500m
1000m

16. REITGRABEN-STRECKE

St. Martin–Mühlbach–Sulz–St. Wolfgang–Langfeld–Roßbruck–St. Martin

Einstieg: St. Martin – Pavillon
Gesamtlänge: 16,5 km
Gesamthöhenunterschied: 167 Hm
Asphalt: 14,8 km
Schotterstraße/Forstweg: 1,7 km

Tipp: Ein Besuch der nahe gelegenen Braustadt Weitra lohnt sich auf jeden Fall.

Einkehr: Gasthöfe in St. Martin

Info: • Marktgemeindamt
3971 St. Martin
☎ 02857/22 62 · Fax DW 16
gemeinde.st.martin@wvnet.at

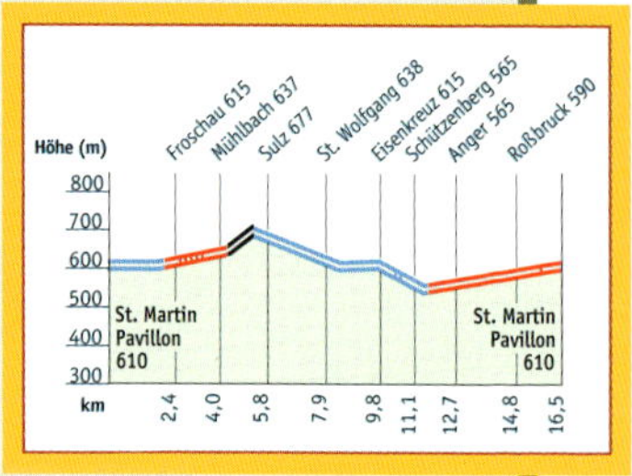

Sehr leicht zu befahrende Strecke, bestens geeignet für eine Familientour mit Kindern.

Auf Asphalt ca. 2,5 km Richtung Froschau, danach auf Karrenweg leicht steigend Richtung Mühlbach. Ab Mühlbach wieder auf Asphalt nach Sulz, leicht bergab nach St. Wolfgang. Weiter auf

schmaler Asphaltstraße (fast kein Fahrzeugverkehr) Richtung Weitra. Kurz vor dem Golfplatz nach links auf Feldweg, über die Gleise der Schmalspurbahn, weiter leicht bergab bis zur Asphaltstraße nach Langfeld. Auf Asphalt entlang der Lainsitz über Schöllbüchl, Roßbruck zurück nach St. Martin zum Ausgangspunkt.

17. BRAUNEGG-STRECKE

Raxendorf–Pfaffenhof–Troibetsberg–Heiligenblut–Feistritz–Raxendorf

Einstieg: Raxendorf, Gemeindamt
Gesamtlänge: 19,5 km
Gesamthöhenunterschied: 665 Hm
Asphalt: 8,9 km
Schotterstraße/Forstweg: 10,6 km

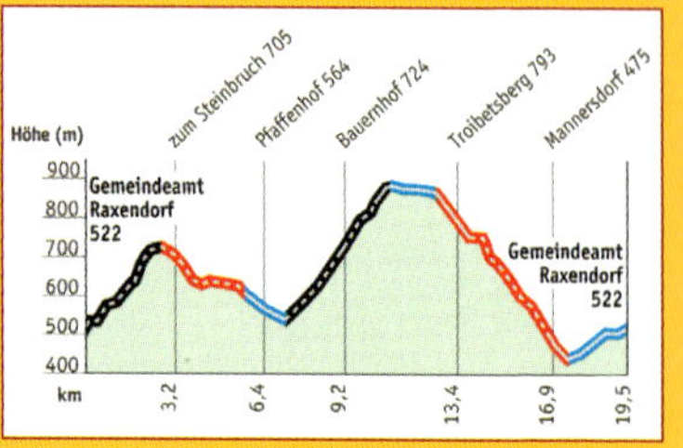

Tipp: Raxendorf: Wallfahrtskirche Heiligenblut mit Ursprungskapelle, Ort Braunegg mit herrlichem Ausblick, geschnitzter Herrgott in Reidling

Einkehr: • Brauneggerhof, Familie Mayer, Braunegg 24, 3650 Pöggstall, ☎ 02758/22 36
- Gasthaus Liebner, Braunegg 17, ☎ 02758/24 25
- Gasthaus Mitterbauer, Heiligenblut 12, ☎ 02758/71 45
- Gasthaus Karl, 3654 Raxendorf 11, ☎ 02758/72 00
- Gasthaus Gruber, 3654 Raxendorf 15, ☎ 02758/72 20

Info: • Gemeindeamt Raxendorf, A-3654 Raxendorf 10
☎ 02758/72 32 · Fax DW 14, www.raxendorf.at
E-mail: marktgemeinde@raxendorf.at

Technische Strecke mit zwei schwierigen und langen Anstiegen, die mit toller Aussicht in Braunegg belohnt werden. Ebenso enthalten ist ein technischer Downhill, der dem Biker einiges abverlangt.

Nach 700 Meter Asphalt durch den Ort führt die Strecke weiter auf Schotter bzw. Erdboden teilweise durch den Wald immer bergauf zum Steinbruch. Nach ca 3,2 Kilometern bei Kreuzung nach rechts, weiter auf Forststraße. Danach wieder ein Stück Asphalt, der sich aber bald wieder mit Waldboden abwechselt. Danach wieder kurz Asphalt, nach Pfaffenhof. Ab hier führt die Strecke technisch anspruchsvoll durch ein Tal bergauf nach Eibelhof und weiter nach Braunegg. Hier befindet sich der höchste

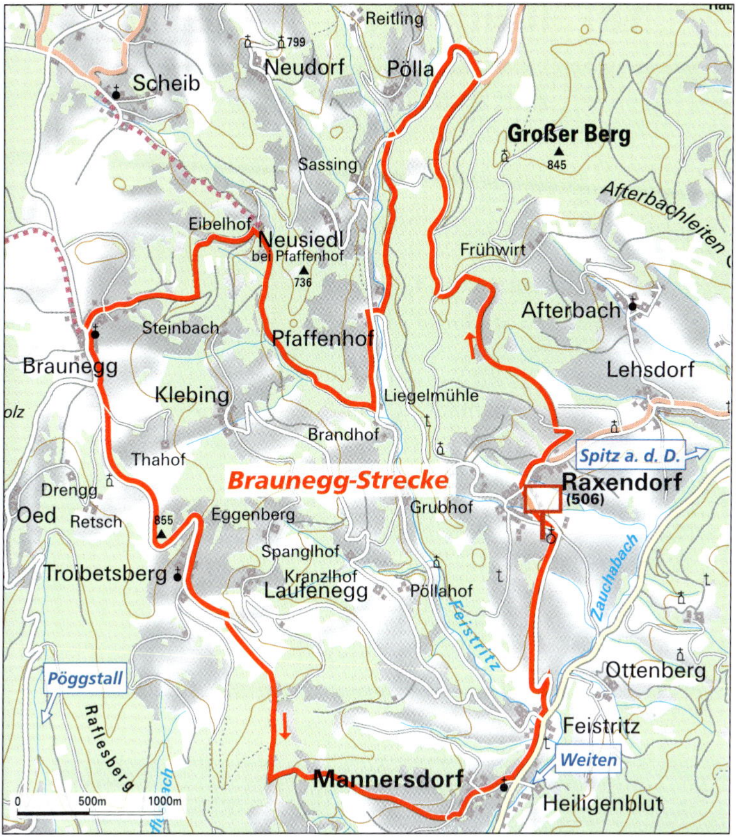

Punkt der Strecke (875 Hm) mit einem traumhaften Rundblick bis zu den Voralpen. Nach einer kurzen Rast im Brauneggerhof geht es weiter nach Troibetsberg und gleich danach auf anspruchsvollen Downhillstrecken nach Heiligenblut. Dort angekommen, führt die Strecke weiter auf Asphalt zurück zum Ausgangspunkt.

18. HUNDSBERG-STRECKE

Kritzendorf–Hadersfeld–Höflein–Kritzendorf

Einstieg: Kritzendorf Bahnhof
Gesamtlänge: 10,3 km
Gesamthöhenunterschied: 280 Hm
Asphalt: 6 km
Schotterstraße/Forstweg: 4,3 km

Tipp: Klosterneuburg: Augustiner-Chorherren-Stift, Mariensäule, Pestsäule, Kafka-Büste, Lourdesgrotte, Kunstsammlung im Schömerhaus

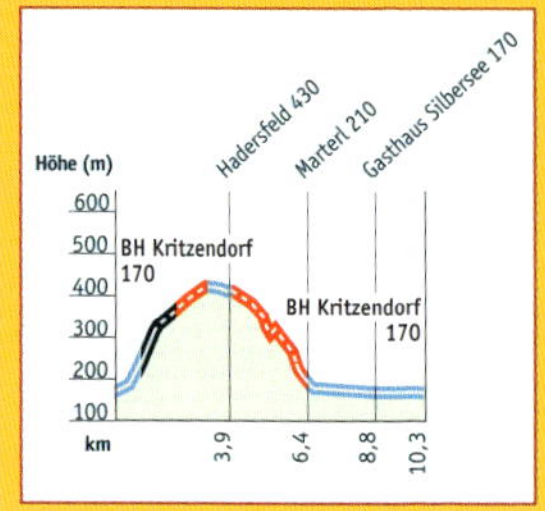

Einkehr: • Gasthaus am Silbersee, 3420 Kritzendorf, ☎ 02243/244 42 ab 9.00 Uhr (Mi. Ruhetag)
• Pizzeria Mera, 3420 Kritzendorf, ☎ 02243/333 84 ab 10.30 Uhr, kein Ruhetag

Info: • Tourismusinformation Klosterneuburg Niedermarkt, Postfach 37, 3400 Klosterneuburg ☎ 02243/320 38

Die Strecke erfordert Kondition für den Aufstieg, 280 Hm am Stück sind zu bewältigen, wunderschöne Gegend.

Die Strecke führt steil hinauf teilweise über den Riedenwanderweg (Lehrpfad) durch Weingärten vorbei am Hundsberg. Kurz vor dem Marterl ist der Aufstieg geschafft. Nach Hadersfeld zur Hubertushütte geht's schon wieder bergab Richtung Höflein, man passiert die Dreifaltigkeitskirche, bis man in Höflein auf den Donauradweg stößt. Entlang der Donau und dem Durchstich Klosterneuburg kommt man wieder nach Kritzendorf.

19. GRILLPARZ-STRECKE

Passauerhof–Katzelsdorf–Tulbing–Passauerhof

Einstieg: Passauerhof
Gesamtlänge: 9,4 km
Gesamthöhenunterschied: 260 Hm
Asphalt: 4,2 km
Schotterstraße/Forstweg: 4,4 km

Tipp: Tulbing: Leopold-Figl-Warte, Sonnenblumenwiese

Einkehr: • Passauerhof, A-3001 Mauerbach, ☎ 02273/72 15, (Di+Mi Ruhetag); Gastgarten!
• Welserhof, Grillparzgasse 2, A-3434 Wilfersdorf, ☎ 02273/72 52, (Do Ruhetag); Schöner Gastgarten! So ab 15 Uhr geschlossen, Übernachtungsmöglichkeit, Sauna, Solarium

Info: • Gemeindeamt, Allhangstraße 14, A-3001 Mauerbach ☎ 01/97 91 677

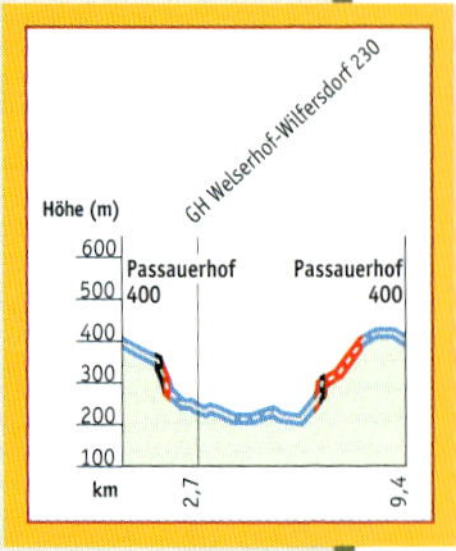

Die Strecke fängt gemütlich an, hat aber dann eine ziemliche Steigung, nämlich die 200 Hm am Stück zum Passauerhof retour. Etwas Kondition ist also gefragt.

Gemütlich geht's bergab nach Wilfersdorf, durch den Ort durch nach Katzelsdorf und Tulbing. Aus mit dem gemütlichen Bergab, denn jetzt geht's bergauf durch das Jammertal (nomen est omen) wieder zum Passauerhof.

20. TULBINGER KOGEL-STRECKE

Kartause Mauerbach–Steinriegl–Oberkirchbach–Tulbinger Kogel–Herrnberg–Hirschengarten–Kartause Mauerbach

Einstieg: Kartause Mauerbach
Gesamtlänge: 19,6 km
Gesamthöhenunterschied: 390 Hm
Asphalt: 13,5 km
Schotterstraße/Forstweg: 6,1 km

Tipp: Mauerbach: Kartause, Heimatmuseum

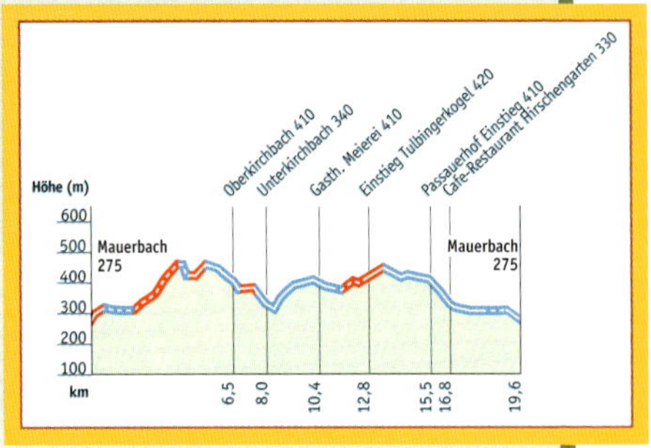

Einkehr:
- Berghotel Tulbingerkogel, A-3001 Mauerbach, ☎ 02273/73 91, mit Haubenküche! Herrlicher Ausblick auf die Alpen und ins Donautal!
- Wirtshaus Bonka, A-3414 Oberkirchbach, ☎ 02242/62 90 (So ab 16.00 Uhr, Mo+Di Ruhetag)
- Passauerhof, 3001 Mauerbach, ☎ 02273/72 15 Di+Mi Ruhetag, warme Küche von 11–21 Uhr
- Mostheuriger Polzer, 3001 Mauerbach/Hirschgarten, ☎ 01/97 90 75
- Hotel-Restaurant Marienhof, 3413 Kirchbach 32, ☎ 02242/62 63

Info: • Gemeindeamt, Allhangstraße 14, A-3001 Mauerbach ☎ 01/979 16 77

Die Strecke ist technisch nicht anspruchsvoll, verlangt aber etwas Kondition.

Die ersten 4 km ziemlich steil zur Einsiedelei, den Pitzelsdorfer Bach entlang zum Heuberg und weiter nach Oberkirchbach und Unterkirchbach. Entlang dem Hängenden Stein nach Hainbuch zum Tulbingerkogel. Die Leopold-Figl-Aussichtswarte bietet einen

herrlichen Blick über das Tullnerfeld. Weiter geht's bis zum Passauerhof, etwas bergab und über den Hirschgarten wieder nach Mauerbach.

21. WEINBERG-STRECKE

Klosterneuburg–Buchberg–Hohenauer Wiese–Weidling–Klosterneuburg

Einstieg: Klosterneuburg, Rathaus (Stift) bzw. ÖAMTC-Camping
Gesamtlänge: 16,9 km
Gesamthöhenunterschied: 290 Hm
Asphalt: 9,3 km
Schotterstraße/Forstweg: 7,6 km

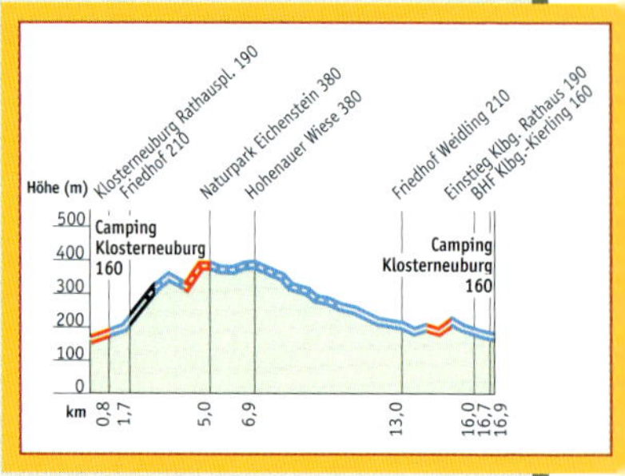

Tipp: Klosterneuburg: Augustiner-Chorherren-Stift, Mariensäule, Pestsäule, Lourdesgrotte, Kunstsammlung im Schömerhaus

Einkehr: Betriebe in Klosterneuburg (Kahlenbergerdorf-Strecke 22)

Info: • Tourismusinformation Klosterneuburg
Niedermarkt, Postfach 37, 3400 Klosterneuburg
☎ 02243/320 38

Zu Beginn der Strecke quält man sich ein wenig, dann geht's nach ca. 6 km nur bergab. Viele Sehenswürdigkeiten und viele Wildtiere (im Frühjahr sogar Frischlinge!).

Zunächst geht's ziemlich steil bergauf vorbei am Buchberg, zum Türkenkreuz, weiter Haschhof (Obstversuchsgut) und der Sternwarte durch Wald zur Hohenauer Wiese. Dann hinunter durch den Rotgraben, auf der Reichergasse nach Weidling. Beim Friedhof Weidling vorbei zur Peter-und-Paul-Kirche, durch die Löblichgasse zum Weißen Kreuz. Durch die Weingärten auf der Klosterneuburger Gasse zu Kluger Kreuz und Rotes Kreuz; die Weinberggasse zum Schwarzen Kreuz; wieder nach Klosterneuburg.

Durch die Weinberge bei Klosterneuburg

22. KAHLENBERGERDORF-STRECKE

Kahlenbergerdorf–Häuserl am Roan–Exelbergstraße–Windischalm–Donauradweg–Kahlenbergerdorf

Einstieg: Wien 19, Kuchelauer Hafenstraße/Billergasse, „Donau-Fritzi"
Gesamtlänge: 43,1 km
Gesamthöhenunterschied: 910 Hm
Asphalt: 19,7 km
Schotterstraße/Forstweg: 21,5 km

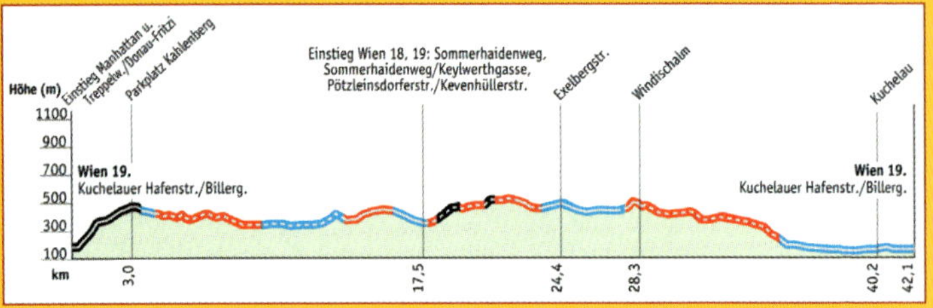

Tipp:

Einkehr: • Gasthaus zur Agnesbrünnl, A-1190 Wien, Jägerwiese 221, ☎ 01/440 13 00 (Di Ruhetag) Hausmannskost

- Josefinenhütte, A-1190 Wien, Am Kahlenberg 47, ☎ 01/320 39 75, Di–So ab 9.00 Uhr (Mo Ruhetag), Hausmannskost
- Gasthof Windischhütte, A-3400 Klosterneuburg, ☎ 02243/304 44, eigene Landwirtschaft, Hausschlachtung
- Grüß'di-a-Gott-Wirt, A-1190 Wien, ☎ 01/440 73 45
- Häuserl am Roan, A-1190 Wien, ☎ 01/440 13 52 (Fr Ruhetag, Do ab 17.00 Uhr geschlossen)

Info: • Tourismusinformation Klosterneuburg Niedermarkt, Postfach 37, 3400 Klosterneuburg ☎ 02243/320 38

Eine sehr anspruchsvolle MTB-Strecke, die nur bei sehr guter Kondition befahren werden kann, doch landschaftlich überaus reizvoll ist. Es wechseln sich Wald-, Wiesen- und Weingartengebiete ab. Viele Wanderer sind am Wochenende unterwegs.

Einstieg beim „Donau-Fritzi" an der Donaupromenade, vorbei an der St.-Georg-Kirche. Nun 300 Hm am Stück durch die Weingärten, den Kahlenberger Friedhof passierend zum Parkplatz Kahlenberg. Dort befinden sich auch der Fernsehsender und die Stephanie-Warte. Weiter geht's zur Josefinenhütte, durch den Wald zur Sulzwiese und Fleischhackerwiese mit dem Agnesbründl.
Um den Sauberg zur Herzwiese kommen wir zum Grüß'di-a-Gott-Wirt, der an der alten Pass-Straße zwischen Wien und Niederösterreich liegt. Dann zum Dreimarkstein, dem Häuserl am Roan nach Hameau und weiter zum Wienerwald-Heldendenkmal. Über Roßkopfwiese, Rotes Kreuz, Exelberg zum Schutzengelberg mit der Bildeiche und einem Römischen Meilenstein. Den Scheiblingsteinberg passieren wir dann am Steinriegel und kommen zur Windischhütte (Windischalm).

Wir folgen dem Autofahrer-Gesundheitsweg durch den Gsängerwald (die Gsängerhütte ist leider schon lange nicht mehr bewirtschaftet) zur Knopfeiche und weiter zum Eschenplatz. Durch den Kalkbachwald zur Reinschreiberwiese, vorbei am Kammersberg den Managettasteig; durch die Weingärten nach Weidling. Hier passieren wir die St.-Peter-und-Paul-Kirche und fahren die Brandmayerstraße entlang, vorbei am Pestkreuz, Weidlinger Straße, Kollersteig durch die Weingärten, Kammerjoch (Straße) beim Galgenkreuz vorbei, die Kuchelauer Hafenstraße (entlang Kuchelauer Hafen) zurück zum Kahlenbergerdorf.

Schwarzes Kreuz
Klosterneuburg
Korneuburg
A22
Seeschlac
Haschhof
Weidling
(196)
Neue Donau
Kuchelauer Hafen
STREBERSDORF
EXIT 10
14
Stilles Tal
Weidlingb.
Gschwendgr.
Wolfsgraben
Höllgr.
Siedersgr.
Kl. Frauengr.
Gr. Frauengr.
Josefinenhütte
Leopoldsberg
425
Sulzwiese
Kahlenberg
484
Wildgrube
Agnesbründl
Josefsdorf
Kahlenbergerdorf
Burgstall
295
DONAU
Vogelsangbg.
516
Jägerwiese
542
Hermannskogel
Fischerhaus
Muckental
Latisberg
Cobenzl
377
Krapfenwaldl
Schreiberb.
Nußberg
Nußdorf
Am Himmel
Bellevue
427
Salmannsdorf
Neustift
am Walde
264
251
Grinzing
Heiligenstadt
Hungerberg
Unterdöbling
Sievering
Michaelerberg
387
270

23. DOKTORBERG-STRECKE

Wien 23–Kaltenleutgeben–Doktorberg–Wien 23

Einstieg: Perchtoldsdorf Heide-Parkplatz bzw. Wiener Hütte
Gesamtlänge: 12,4 km
Gesamthöhenunterschied: 200 Hm
Asphalt: 7,2 km
Schotterstraße/Forstweg: 5,2 km

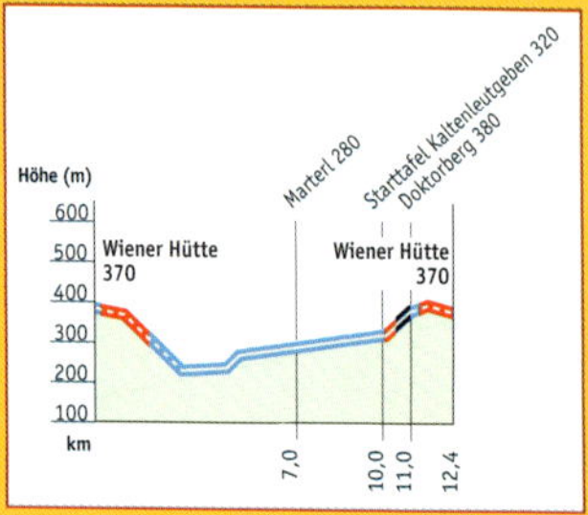

Tipp: Kaltenleutgeben: Barocke Pfarrkirche St. Jakob, Dreifaltigkeitssäule (Trinkbrunnen) Aussichtswarte Julientinum, Naturfreunde-Schutzhaus Höllenstein

Einkehr: • Pizzeria Da Stefano, A-2391 Kaltenleutgeben, Hauptstraße 57, ☎ 02238/712 17 (Mo Ruhetag, Di ab 14.00 Uhr geschlossen); geöffnet von 11.30 Uhr–14.00 Uhr und 17.30–23.00 Uhr
• Wiener Hütte, A-2391 Kaltenleutgeben, ☎ 02238/713 14, (Do+Fr Ruhetag); schöner Gastgarten mit herrlichem Ausblick!

Info: • Mountainbike-Info Wien, ☎ 01/811 14-92 981
Gemeindeamt Kaltenleutgeben, Hauptstraße 78
A-2391 Kaltenleutgeben, ☎ 02238/712 13

Ausgewogene Strecke, die man mit mehreren Strecken kombinieren kann (Parapluie-Strecke, Kaltenleutgeben-Strecke und Pappelteich-Strecke).

Relativ gemütlich an der Ruine Kammerstein vorbei bis Kaltenleutgeben. Bis zur Wiener Hütte geht's steil bergauf, aber nachher kann man sich mit einer guten Jause oder einem kräftigen Mahl im Gastgarten der Wiener Hütte laben. Vorbei am Eichkogel und dem Leopoldsdorfer Wald geht's wieder nach Perchtoldsdorf zurück.

Tullnerbach
Reiche Liesing
Kalksburg
Rodaun
Liesing
Leopoldsdorfer Wald
322
Zugberg
Neumühle
Doktorbergstrecke
Wiener Htt.
Eichkogel
428
Bierhäuslberg
489
R. Kammerstein
Gernbg.
410
Doktorberg
Parapluieberg
13
Kl. Flößlberg
Perchtoldsdorf
Josefswarte
582
Kaltbrunn
Hochberg
Kaltenleutgeben
Lindberg
Knoten Vösendorf
Waldandacht
Gr. Flößlberg
Brunn
am Gebirge
0
500m
1000m
Kugelwiese
Schirgengr.
A21

24. PARAPLUIE-STRECKE

Perchtoldsdorf–Sulz–Hochroterd–Kaltenleutgeben–Perchtoldsdorf

Einstieg: Perchtoldsdorf, Heide-Parkplatz
Gesamtlänge: 33,9 km
Gesamthöhenunterschied: 830 Hm
Asphalt: 8 km
Schotterstraße/Forstweg: 25,9 km

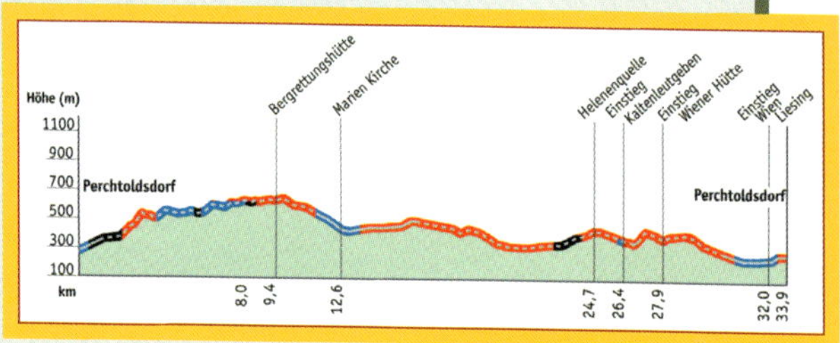

Tipp: Perchtoldsdorf: Rathaus (1554), Martinikapelle (1520), Leonhardibergsäule, Türkenfenster in der Augustinerkirche (14. Jh.), Alte Burg, Wienergasse mit Barockschlössl, Osmanenmuseum im Rathaus, Wehrturm, Dreifaltigkeits- oder Pestsäule

Einkehr: • Franz-Ferdinand-Schutzhütte, A-2380 Perchtoldsdorf, ☎ 01/88 98 588, (Fr. Ruhetag)

- Kammersteiner Hütte, A-2380 Perchtoldsdorf, ☎ 02238/773 92, (Mo+Di Ruhetag)
- Gasthaus Kugelwiese, A-2380 Perchtoldsdorf, ☎ 02238/715 64, (Do+Fr Ruhetag)
- Kaltenleutgener-Hof, A-2391 Kaltenleutgeben, ☎ 02238/712 17, (So+Mi ab 14 Uhr Ruhetag) Bikerfreundlicher Betrieb
- Wiener Hütte, 2391-Kaltenleutgeben, ☎ 02238/713 14, (Do+Fr Ruhetag)

Info: • Marktgemeindeamt Perchtoldsdorf Marktplatz 11, A-2380 Perchtoldsdorf; ☎ 01/86 68 30

Die Route verläuft überwiegend auf Höhenrücken, ist daher sehr aussichtsreich. Technisch bestehen keine hohen Anforderungen, allerdings ist Kondition gefragt. Vom Ausgangspunkt ist kurvenreich auf langer Straßensteigung die Höhe zu gewinnen. Eine der beliebtesten Wienerwald-Strecken!

Einstieg in Perchtoldsdorf, Heide-Parkplatz. Steil zum Franz-Ferdinand-Schutzhaus (Parapluieberg). Dann im Wesentlichen flach über die Anhöhen, meist auf Forststraßen mit wechselnden, weiten Ausblicken. Auf einer nicht zu verfehlenden Forststraße passiert man den Kammerstein, die Waldandacht, über den Großen Sattel den Kreuzsattel zur Schöffel-Hütte, die am höchsten Punkt der Strecke liegt.

Die Abfahrt nach Sulz ist teilweise ziemlich steil, führt dann aber auf einer Fahrstraße über die weiten Wiesenflächen der Wöglerin bis zu einem markant am Waldrand stehenden Baum, wo in die Forststraße rechts eingebogen wird. Um den Vorderen Wöglerberg, durch den Linken Graben ins Tal der Reichen Liesing; hier zweigt man nach kurzer Asphaltpassage beim Gasthaus Lausenhammer auf eine Forststraße ab, auf der man nach Überquerung des Lattermaißberges fast bis Kaltenleutgeben abfährt. Ein beschaulicher Waldweg führt zur Wiener Hütte, entlang der Markierungen dann über Rodaun zurück nach Perchtoldsdorf.

25. THALLERN-STRECKE

Hinterbrühl–Siegenfeld–Baden–Gumpoldskirchen–Mödling–Hinterbrühl

Einstieg: Hinterbrühl, Höldrichsmühle
Gesamtlänge: 37,1 km
Gesamthöhenunterschied: 430 Hm
Asphalt: 24,1 km
Schotterstraße/Forstweg: 13 km

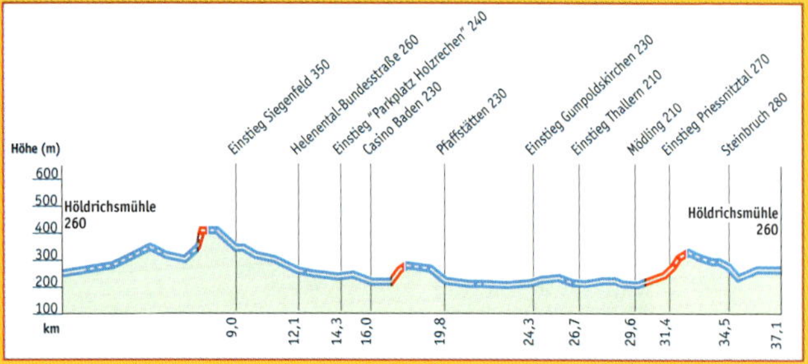

Tipp: Am Ausgangspunkt in Hinterbrühl stehen im Hotel Höldrichsmühle auch Tagesausflüglern Duschen zur Verfügung.

Einkehr: • Hotel-Restaurant Höldrichsmühle, Gaadner-Str.34, A-2371 Hinterbrühl, ☎ 02236/26 27 40; Leihräder
• Gasthof Skilitz, Badner Straße 2, A-2534 Siegenfeld, ☎ 02252/411 87
• Ratz-Bräu, Elisabethstr. 21, A-2340 Mödling, ☎ 02236/242 69
• Krainerhütte Helenental, A-2500 Baden, ☎ 02252/445 11; Zusatzleistung für Biker: Wäschedienst, Reparaturservice, Mountainbike-Verleih, Bikergarage und Rückholdienst

Info: • Gemeindeamt Hinterbrühl
Hauptstraße 29a, A-2371 Hinterbrühl
☎ 02236/262 49 DW 24 oder 25

Bei der Thallern-Strecke handelt es sich um eine sehr weitläufige, komfortable Strecke mit relativ geringem technischen Schwierigkeitsgrad – ein Tipp für Genussbiker.

Ein ziemlich anstrengender Anstieg führt durch Gaaden zu den Waldwiesen, wo derzeit der Streckenabschnitt noch nicht freigegeben ist, was allerdings in der Saison 2002 geändert wird! Bei Bike-Schieben kann man sich von der Anstrengung erholen. Anschließend führt ein Waldweg und eine Abfahrt über ein Feld nach Siegenfeld, wo man sich im Gasthaus Skilitz laben kann. Dann geht's auf Asphalt bergab Richtung Helenental und Baden, und in der Folge mitten in die Weinberge: Pfaffstätten–Gumpoldskirchen–Mödling.

Herrlicher Blick über die Weinberge und ein ständiger Wechsel zwischen Asphalt-, Schotter- und Feldwegen zeichnet diese Strecke aus.

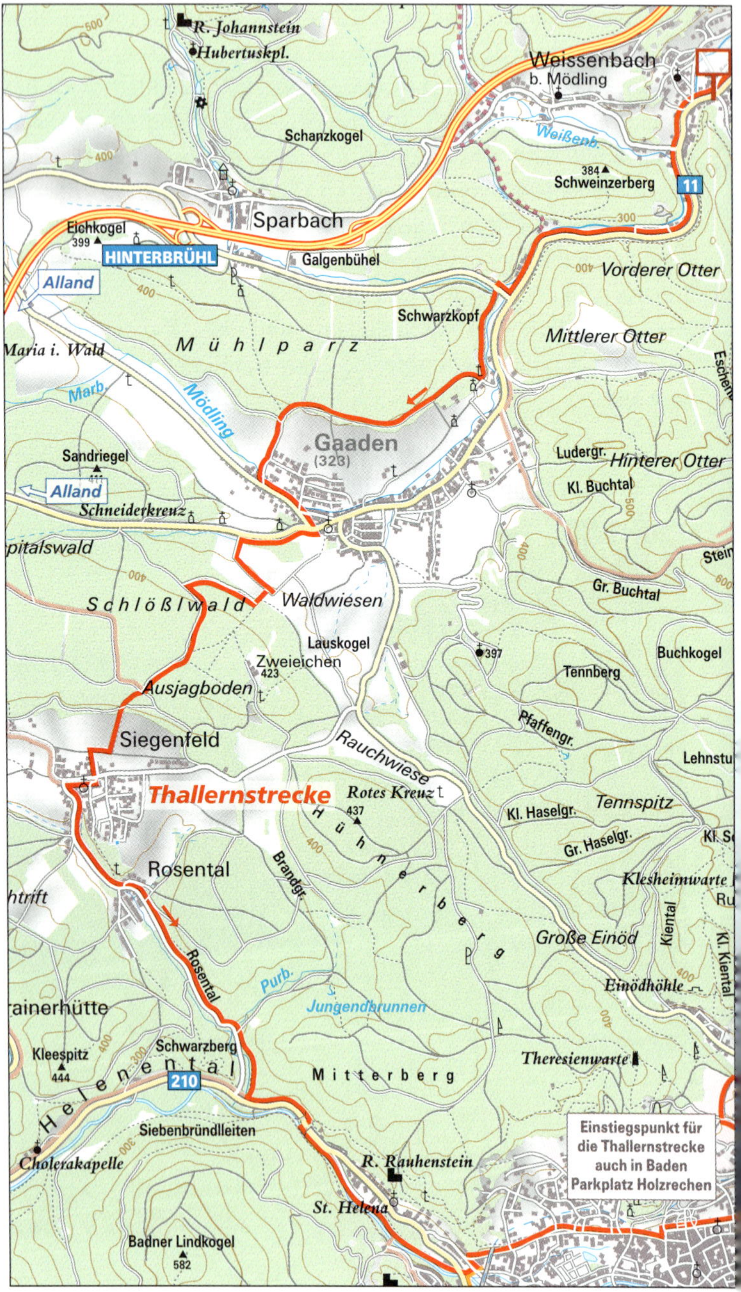
R. Johannstein
Hubertuskpl.
Schanzkogel
Weissenbach
b. Mödling
Weißenb.
384
Schweinzerberg
11
Sparbach
Eichkogel
399
HINTERBRÜHL
Galgenbühel
Alland
Vorderer Otter
Schwarzkopf
Mittlerer Otter
Maria i. Wald
M ü h l p a r z
Marb.
Mödling
Gaaden
(323)
Sandriegel
Ludergr.
Hinterer Otter
Kl. Buchtal
Alland
Schneiderkreuz
pitalswald
Gr. Buchtal
S c h l ö ß l w a l d
Waldwiesen
Lauskogel
Zweieichen
423
397
Buchkogel
Tennberg
Ausjagboden
Pfaffengr.
Siegenfeld
Rauchwiese
Lehnstu
Thallernstrecke
Rotes Kreuz
437
Tennspitz
Kl. Haselgr.
Gr. Haselgr.
H ü h n e r b e r g
Brandgr.
Rosental
Klesheimwarte
htrift
Große Einöd
Kiental
Kl. Kiental
Rosental
Purb.
Einödhöhle
Jungendbrunnen
rainerhütte
Kleespitz
444
Schwarzberg
H e l e n e n t a l
210
Theresienwarte
M i t t e r b e r g
Einstiegspunkt für die Thallernstrecke auch in Baden Parkplatz Holzrechen
Siebenbründlleiten
Cholerakapelle
R. Rauhenstein
St. Helena
Badner Lindkogel
582

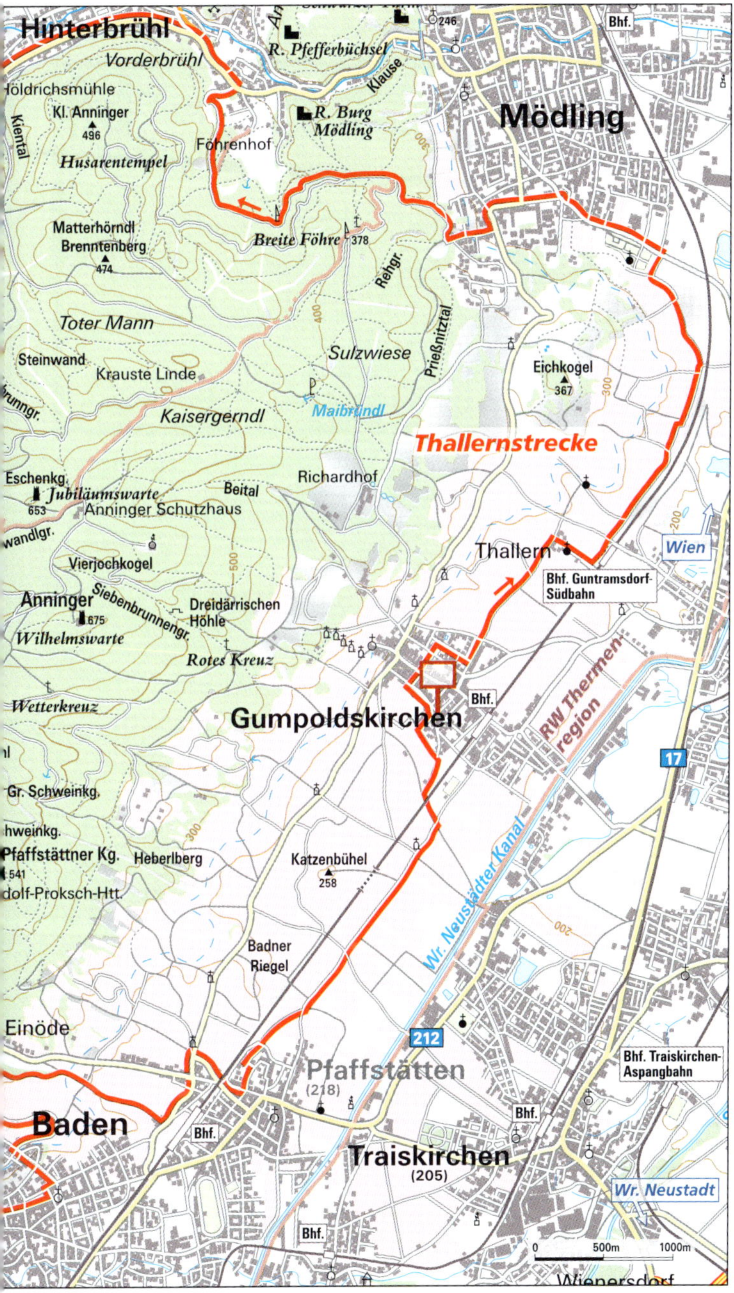
Hinterbrühl
Vorderbrühl
R. Pfefferbüchsel
Klause
Mödling
R. Burg Mödling
Kl. Anninger
496
Husarentempel
Föhrenhof
Matterhörndl
Brenntenberg
474
Breite Föhre
378
Rehgr.
Prießnitztal
Toter Mann
Steinwand
Krauste Linde
Sulzwiese
Eichkogel
367
Kaisergerndl
Maibründl
Thallernstrecke
Eschenkg.
Jubiläumswarte
653
Anninger Schutzhaus
Beital
Richardhof
Wien
Thallern
Bhf. Guntramsdorf-Südbahn
Vierjochkogel
Anninger
675
Wilhelmswarte
Siebenbrunnengr.
Dreidärrischen Höhle
Rotes Kreuz
Wetterkreuz
Gumpoldskirchen
Bhf.
RW Thermenregion
17
Gr. Schweinkg.
Pfaffstättner Kg.
541
Heberlberg
Katzenbühel
258
Wr. Neustädter Kanal
Badner Riegel
Einöde
212
Pfaffstätten
(218)
Bhf. Traiskirchen-Aspangbahn
Baden
Traiskirchen
(205)
Wr. Neustadt
0
500m
1000m
Wienersdorf

26. LINDKOGEL-STRECKE

**Baden–Helenental–Zobelhof–
Hoher Lindkogel–Baden**

Einstieg: Baden, Parkplatz Hochrechen
Gesamtlänge: 29 km
Gesamthöhenunterschied: 790 Hm
Asphalt: 8 km
Schotterstraße/Forstweg: 20,9 km

Einkehr: • Krainerhütte, A-2500 Baden-Helenental,
☎ 02252/44 511, kein Ruhetag,
Große Karte 12.00–14.30 Uhr und 18.00–21.30 Uhr
• Augustinerhütte, ☎ 02252/443 36, 7.00–20.00 Uhr täglich

- Schutzhaus Eisernes Tor, ☎ 02252/ 48 6 40 (Mo Ruhetag)

Info:

- Tourist-Information, Brusattiplatz 3, A-2500 Baden, ☎ 02252/44 53-59 · Fax: 02252/807 33 E-mail: baden@netway.at

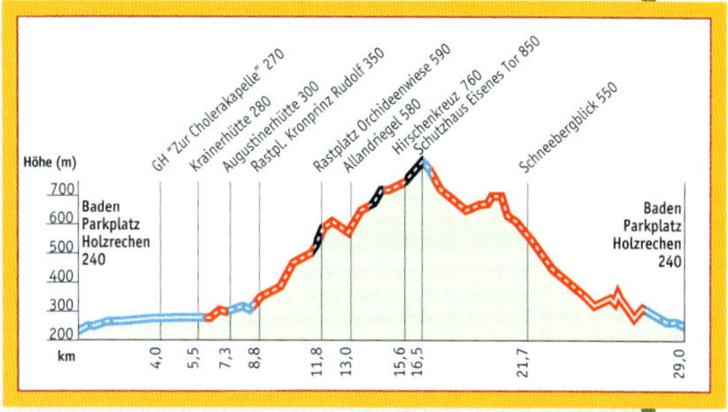

Landschaftlich ist die Lindkogelstrecke unbedingt zu empfehlen (Helenental, Sooßer Lindkogel) auch kulturell hat sie einiges zu bieten: Ruine Rauheneck, Kapelle St. Helena; Cholerakapelle, Beethovenstein, Hirschenkreuz, alles an der Strecke oder in der unmittelbaren Nähe.

Die Lindkogelstrecke ist eine echte Powerstrecke mit allen Anforderungen an Mensch und Material, einschließlich einer „Kraxelpartie“. Die Streckenführung wurde etwas geändert, statt auf dem Kronprinz-Rudolf-Weg geht's auf einer Forststraße weiter zum Eisernen Tor. Achtung bei dem schmalen Steig, gefährlich und im Prinzip unbefahrbar – also Bike schultern!

27. HARZBERG-STRECKE

Bad Vöslau–Reichhaltäcker–Bad Vöslau

Einstieg: Bad Vöslau, Kurpark, Mountainbiker-Treff Flammer
Gesamtlänge: 19,4 km
Gesamthöhenunterschied: 720 Hm
Asphalt: 0,6 km
Schotterstraße/Forstweg: 18,8 km

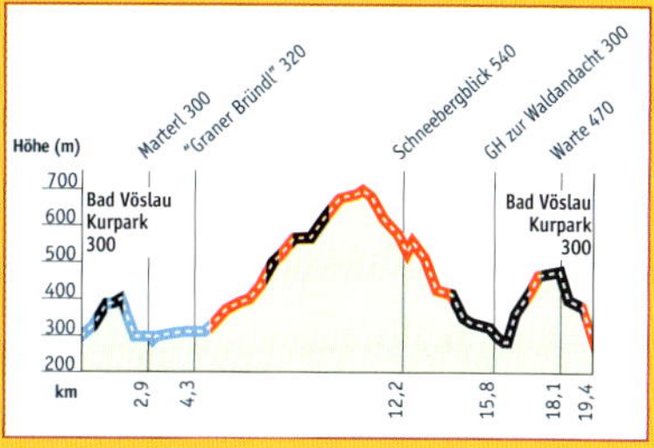

Tipp: Bad Vöslau: Thermalbad, Heimat-, Wein- und Sektmuseum, Sportflugplatz, Schloss Enzesfeld-Lindabrunn: Bildhauer-Symposium beim Steinbruch, Spitalskirche, Frauenthalkreuz, Schloss Enzesfeld

Einkehr: • Waldcafe und Tennis (Mountainbiker-Treff Familie Flammer), A-2540 Bad Vöslau, ☎ 02252/776 76 (geöffnet März bis November ab 8.00 Uhr) Routenplanung, Radverleih, Duschmöglichkeit, MTB-Waschstraße
- Gasthof Smrcke, A-2544 Leobersdorf, ☎ 02256/622 32 (Sa+So Ruhetag)
- Restaurant am Harzberg, A-2540 Bad Vöslau, ☎ 02252/707 57 (Mo ab 15 Uhr, Di Ruhetag)
- Gasthaus zur Waldandacht, 2540 Sooß (Bad Vöslau), ☎ 02252/764 13 (Mo Ruhetag, sonst ab 8 Uhr geöffnet), durchgehend warme Küche.

Info: • Kurverwaltung, Schlossplatz 1, A-2540 Bad Vöslau ☎ 02252/707 43

Die Harzbergstrecke verläuft vorwiegend auf unbefestigten Wegen und ist konditionell sehr anspruchsvoll. Landschaftlich reizvoll und abwechslungsreich.

Ansteigend bis zum Betonwerk zum Dolomitsteinbruch, weiter Richtung Klettergarten zur Marienkapelle. Über die Reichhaltäcker relativ steil durch das Manhartstal, Hochrain, den Kalten-

berger Forst Richtung Sooßer Lindkogel (Sicht auf den Schneeberg). Eine steile Abfahrt führt durch das Gradental, Sooß, vorbei an der Waldandacht zur Jubiläumswarte und zurück nach Bad Vöslau.

28. VÖSLAUER-STRECKE

Bad Vöslau–Krainerwald–Bad Vöslau

Einstieg: Bad Vöslau, Ecke Merkensteinerstraße (bei Harzberg-Strecke 27)
Gesamtlänge: 10 km
Gesamthöhenunterschied: 90 Hm
Asphalt: 5,7 km
Schotterstraße/Forstweg: 4,3 km

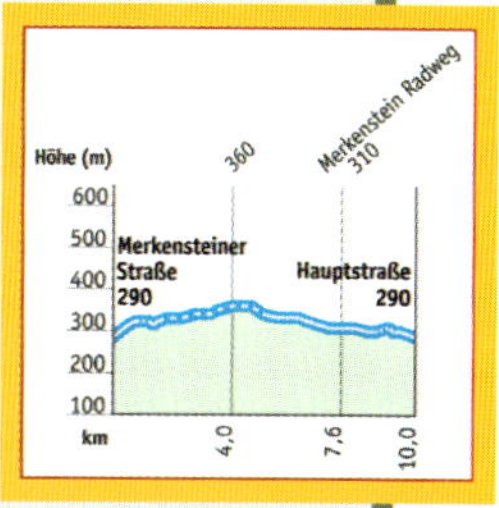

Tipp: Bad Vöslau: Thermalbad, Heimat-, Wein- und Sektmuseum, Schloss Enzesfeld-Lindabrunn: Bildhauer-Symposium beim Steinbruch, Spitalskirche, Schloss Enzesfeld

Einkehr: • Waldcafe und Tennis (Mountainbiker-Treff Familie Flammer), A-2540 Bad Vöslau, ☎ 02252/776 76 (geöffnet März bis November ab 8.00 Uhr) Routenplanung, Radverleih, Duschmöglichkeit, MTB-Waschstraße
• Gasthof Smrcke, A-2544 Leobersdorf, ☎ 02256/622 32 (Sa+So Ruhetag)
• Restaurant am Harzberg, A-2540 Bad Vöslau, ☎ 02252/707 57 (Mo ab 15 Uhr, Di Ruhetag), das ganze Jahr über Wildspezialitäten aus den heimischen Wäldern

Info: • Kurverwaltung, Schlossplatz 1, A-2540 Bad Vöslau ☎ 02252/707 43

Die Vöslauer-Strecke ist die jüngste MBT-Strecke. „Trainingsstrecke“ für die Harzbergstrecke und Möglichkeit, in Bad Vöslau die Heurigenbetriebe zu genießen.

Einstieg in Bad Vöslau, Ecke Merkensteinerstraße, direkt bei der Harzbergstrecke. Die 90 Hm muss man gleich zu Beginn bewältigen. Also strampelt man ca. 5 km bergauf, aber nach dem Krainerwald geht's dann wieder bergab nach Bad Vöslau.

29. PFARRKOGEL-STRECKE

Hirtenberg–Enzesfeld–Julienhof–St. Veit–Hirtenberg

Einstieg: Hirtenberg, Campingplatz
Gesamtlänge: 19,2 km
Gesamthöhenunterschied: 195 Hm
Asphalt: 7,4 km
Schotterstraße/Forstweg: 11,8 km

Tipp: Kurz vor Hirtenberg „Naturdenkmal" Trockenrasen, zwischen Weingärten. Einen Abstecher wert: Bildhauer-Symposion mit Künstlern aus aller Welt im idyllischen Freigelände neben dem Steinbruch in Lindabrunn; Schloss Enzesfeld (Erstnennung 1120!!)

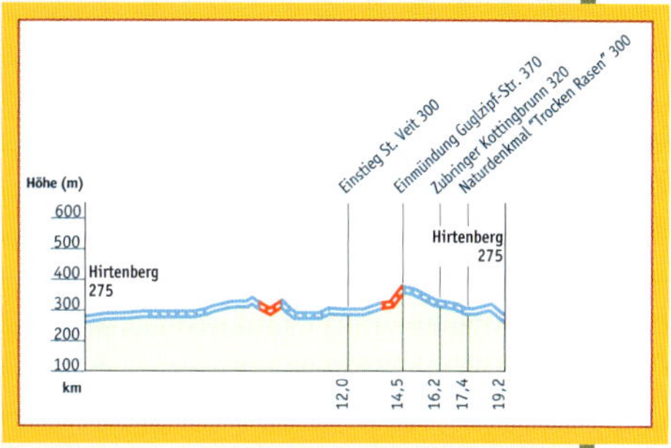

Einkehr: • Gasthof Smrcka, A-2544 Leobersdorf, ☎ 02256/62 232, (Sa+So Ruhetag); bikerfreudlicher Betrieb!
• Gasthof zu den 2 Löwen, 2560 Berndorf (St. Veit an der Triesting) Mo+Di Ruhetag, Donnerstag ab 14 Uhr geschlossen

Info: • Gemeindeamt Hirtenberg, Bahngasse 1, A-5225 Hirtenberg, ☎ 02256/811 11

Die Pfarrkogel-Strecke liegt an den Ausläufern der Voralpen und bietet beim Streckenabschnitt Lindenberg eine herrliche Aussicht auf den Harzberg und den Lindkogel.
Diese Family-Strecke ist eine sehr gemütliche Strecke, die auch mit Kindern zu schaffen ist. Landschaftlich sehr reizvoll, mit vielen Einkehrmöglichkeiten auf der Strecke.

Vom Parkplatz den Pfeilen nach zurück zur Hauptstraße, dann links am Radweg Richtung Leobersdorf, vor dem McDonalds rechts, beim Kreisverkehr geradeaus, nach dem Bahnübergang in Enzesfeld rechts in die Sackgasse.

Beim Zusammentreffen von zwei Bahngeleisen überquert man nach rechts die Bahn, dann parallel zur Südautobahn, rechts ab. Neben den Bahngeleisen bei einem Stoppschild wieder rechts über die Bahn Richtung Enzesfeld, danach links in Richtung eines Waldes; nach einer Linkskurve geht es rechts in den Wald, an Pferdekoppeln vorbei und über eine Asphaltstraße. Am Julienhof vorbei, nach einem Weingarten rechts, Straße rechts, ca. 300 Meter

vor den ersten Häusern links in einen Ackerweg, links am Aussichtspunkt Frauenthalkreuz vorbei.
Nach dem Friedhof links, nach dem Schloss Enzesfeld links, über das Bahngeleise, links Richtung Hirtenberg, gerade in die Sackgasse, am Ende nach links, um parallel zu den Bahngeleisen zu fahren. Danach links über zwei Gleise in den Wald, beim Bahnhof St. Veit die Geleise queren, über eine Triestingbrücke bis zum Hauptplatz.
Dort rechts und beim Kaufhaus Schlecker links ab, beim Hochspannungsmasten links in einen Feldweg. Im Anstieg links in den Wald, bei einer Kreuzung mit Föhre rechts ab, wieder rechts in den Wald, vor den Hochspannungsmasten rechts nach einer Linkskurve wieder rechts, nach einiger Zeit rechts unter der Hochspannungsleitung durch und danach wieder links. Nächste Möglichkeit rechts auf eine Asphaltstrasse und zurück zum Ausgangspunkt.

30. STEINWANDKLAMM-STRECKE

Pottenstein–Berndorf–Steinwandklamm–Furth–Weissenbach–Pottenstein

Einstieg: Pottenstein, Ortsende West
Gesamtlänge: 33,7 km
Gesamthöhenunterschied: 790 Hm
Asphalt: 19,3 km
Schotterstraße/Forstweg: 14,4 km

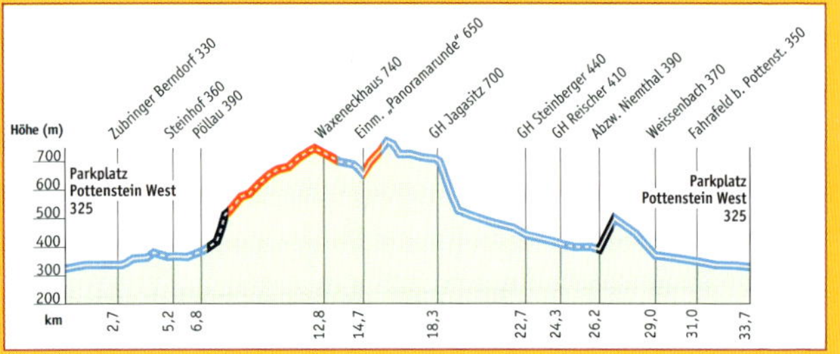

Tipp: Pottenstein: Wallfahrtskirche, Ferdinand-Raimund-Sterbehaus, Kirche Maria Trost im Elend
Furth: Waldlehrpfad und Steinwandklamm
Weissenbach: Pfarrkirche und Friedhof, Kreuzwegstationen, Triestingtaler Heimatmuseum, Atelierhaus Koudela, Teich in Neuhaus
Berndorf: Stilklassen in den Berndorfer Volksschulen, Stadttheater, Stadtmuseum, Krupp-Mausoleum

Einkehr: • Waxeneckhaus (Schutzhütte), A-2763 Pernitz, Waxeneck 17, ☎ 02632/733 00 durchgehend 1. März–1. November geöffnet, dann nur mehr Sa+So+Feiertags.
• Gasthof zum Auerhahn, A-2564 Furth/Triesting, Ebeltal 14, ☎ 02674/882 14, (Fr Ruhetag)

Info: • Fremdenverkehrsverein Pottenstein Hainfelderstraße 48, A-2564 Fahrafeld ☎ 02672/882 56 (Konditorei Leithner)

Technisch sehr anspruchsvolle Strecke, Vorsicht bei den Downhills, es kommt immer wieder zu Unfällen mit Wanderern.

Beginnend in Pottenstein geht's zum Aufwärmen entlang der Triesting, vorbei am Kriegerdenkmal, den Weinberg oberhalb von Veitsau entlang (Aussicht auf Guglzipf) und über Steinhof nach Pöllau, wo uns nach einem Stück Asphalt ein gerade nach fahrbarer Anstieg erwartet (380 Hm sind zu bewältigen). Als Belohnung folgt ein Karrenweg durch die reizvolle Landschaft zum Waxeneckhaus, wo man sich bei einer Jause oder der vorzüglichen Wiener Küche stärken sollte und den herrlichen Ausblick ins Alpenvorland bis zum Schneeberg genießen kann, denn dann geht's eine Forststraße bergab (bitte nicht zu schnell, Wanderer!), bis man die Hauptstraße quert. Es folgt ein kurzer Streckenabschnitt, an dem man das Rad schieben muss, da dieser Weg nicht freigegeben ist. Ein technisch anspruchsvoller, felsiger Uphill führt zu einer Lichtung mit tollem Fernblick. Bei der markanten Weggabelung mit Marterl zweigt man rechts zur malerisch gelegenen Steinwandklamm ab. Ein kurzer Forststraßen-Downhill, der einiges Können abverlangt, entschädigt für die lange Auffahrt. An einigen Mostheurigen vorbei geht es nach Schromenau, wo ein schmaler Fußweg entlang des Baches nach Lerchenfeld führt.
Über einen Güterweg und eine steile Asphalt-Abfahrt gelangt man dann ins Niemthal nach Weissenbach an der Triesting, wo man auch ein Sportgeschäft mit Radservice findet (für alle, die den Downhill nicht überstanden haben). Über die Hauptstraße nach Fahrafeld und den Triestingtal-Radweg erreicht man wieder Pottenstein.

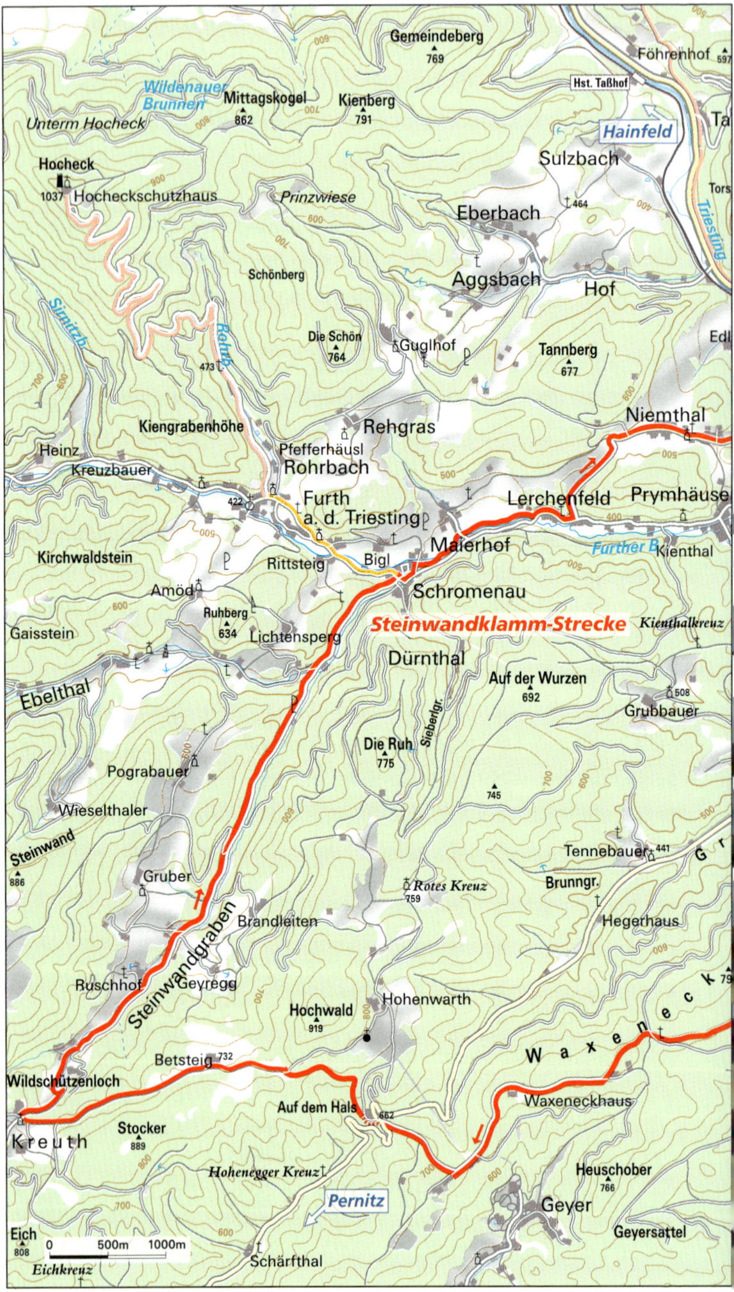
Gemeindeberg 769
Föhrenhof 597
Hst. Taßhof
Wildenauer Brunnen
Mittagskogel 862
Kienberg 791
Unterm Hocheck
Hainfeld
Sulzbach
Hocheck 1037
Hocheckschutzhaus
Prinzwiese
Eberbach
464
Triesting
Schönberg
Aggsbach
Hof
Sirnitzb.
Rohrb.
Die Schön 764
Guglhof
Tannberg 677
473
Kiengrabenhöhe
Rehgras
Niemthal
Heinz
Pfefferhäusl
Rohrbach
Kreuzbauer
422
Furth a. d. Triesting
Lerchenfeld
Prymhäuse
Kirchwaldstein
Rittsteig
Bigl
Maierhof
Further B.
Kienthal
Amöd
Schromenau
Ruhberg 634
Gaisstein
Lichtensperg
Steinwandklamm-Strecke
Kienthalkreuz
Dürnthal
Ebelthal
Auf der Wurzen 692
508
Grubbauer
Siebertgr.
Die Ruh 775
Pograbauer
745
Wieselthaler
Steinwand 886
Tennebauer 441
Gruber
Rotes Kreuz 759
Brunngr.
Brandleiten
Hegerhaus
Steinwandgraben
Ruschhof
Geyregg
Hochwald 919
Hohenwarth
Waxeneck
Betsteig 732
Wildschützenloch
Waxeneckhaus
Auf dem Hals
662
Kreuth
Stocker 889
Hohenegger Kreuz
Heuschober 766
Pernitz
Geyer
Eich 808
0
500m
1000m
Geyersattel
Schärfthal
Eichkreuz

Thalhof
Schwarzensee
Seehof
Steinfeld
Aegidigraben
Schreihof
Bettsteighof
Dernberg
640
Rohrbach
Kienberg
Himmel
Neuhaus
(423)
Scheiberhütten
526
Hofstätten
Neuhauser B.
Weinberg
Ranzenboden
Gadenweith
Schatzen
Gibisbühel
18
Hubertushtt.
Haselb.
Rotes Kreuz
458
Weissenbach
an der Triesting
578
Kühberg
Fahrafeld
Wolfsgeistberg
Ludwigshöhe
Wolfsgeist
Nordwiener Htt.
Langes Tal
Am Brand
Hausberg
541
Antoniusbründl
Herrgottskreuz
427
435
Pottenstein
(324)
Bhf.
Höhenberg
652
Hirtenberg
404
Grabenweg
Triestingtal-Radweg
Triesting
Finstergr.
Steinwandklamm-Strecke
Dürrental
Pöllau
Berndorf
(312)
Bhf.
Waldhtt.
472
Guglzipf
Steinhof
Veitsau
Steinberg
449
Wurzelgraben
Hallourhöhle
Beim Alten Brunnen
Großer Geyergraben
Kleinfeld
356
Kolonie
Neuberg
Rotes Kreuz
Mühlfeld
Grillenberg
637
Veitsauer B.
Weißes Kreuz
Neusiedl

31. PANORAMARUNDE

Pernitz–Laferlstein–Riegelhof–Waxeneck–Betsteig–Muggendorf–Pernitz

Einstieg: Pernitz – Bahnhof
Gesamtlänge: 18,5 km
Gesamthöhenunterschied: 410 Hm
Asphalt: 9,7 km
Schotterstraße/Forstweg: 8,8 km

Einkehr: Gasthöfe in Pernitz

Info: • Gemeindeamt
Gentzschgasse 1, 2763 Pernitz; ☎ 02632/722 19 · Fax DW 14
kultur@pernitz.co.at

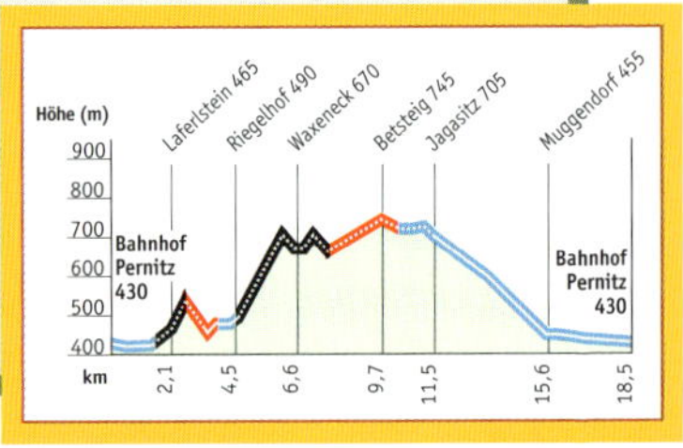

Extreme Anstiege (schöne Singletrails), daher gutes Material erforderlich. Auch auf dieser Strecke wunderbare Aussicht auf umliegende Berge, Täler, Almwiesen.

Den Radweg entlang durch den Ort, über Bundesstraße 21 links auf schmaler Asphaltstraße in Forststraße in den Wald. Kurz nach Beginn des Waldes rechts auf Wanderweg steil bergauf. Oben Gabelung, rechts Richtung Holzkreuz weiter auf schmalen Weg wieder bergab (für geübte Biker). Unten angekommen auf Asphalt bis Martahof, dann links durch Bauernhof (auch Mostheuriger) und auf extrem steilem Karrenweg hinauf bis zu einer Almwiese. Danach auf Forstweg, später auf Asphalt bis auf den Hals. Zusammentreffen mit Steinwandklammstrecke 30 (Projekt Wienerwald) Richtung Kreuth. Dieser Streckenabschnitt bietet herrliche Aussicht. Beim Gasthof Jagasitz links Richtung Muggendorf, vorbei an den Myrafällen. In Muggendorf weiter auf Radweg zurück nach Pernitz zum Ausgangspunkt.

32. SCHNEEBERG-STRECKE

Puchberg–Ödenhof–Arbestal–Puchberg–Schneebergdörfl–Unternberg–Haltbergdorf–Puchberg

Einstieg: Puchberg – Touristeninfo
Gesamtlänge: 34,7 km
Gesamthöhenunterschied: 625 Hm
Asphalt: 17 km
Schotterstraße/Forstweg: 17,7 km

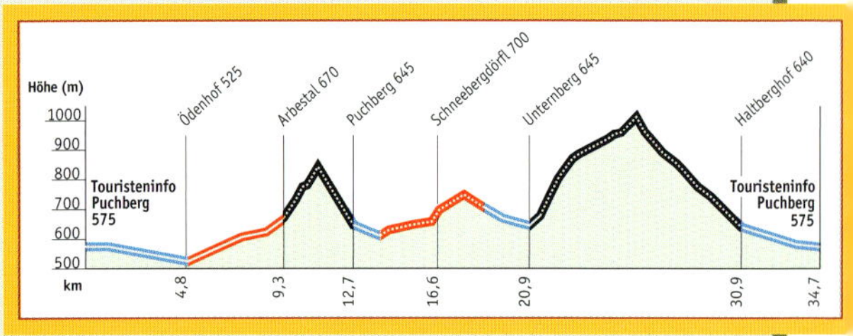

Tipp: Schneebergmuseum in Puchberg
Einkehr: Gasthöfe in Puchberg
Info: • Tourismusbüro, Sticklergasse 3, 2734 Puchberg am Schneeberg, ☎ 02636/22 56 · Fax DW 12, tourismusbuero@puchberg.at

Schöne Strecke mit anspruchsvollem Höhenprofil und toller Aussicht.

Kurze Runde durch den Ort (Einbahnstraße), danach auf Landstraße Richtung Ödenhof. Im Ort rechts über Brücke, weiter auf Asphaltstraße Richtung Teichwiese. Ab hier auf Schotter ins Arbestal, bergauf auf Forststraße mit schönem Blick auf umliegende Täler.

Oben angekommen bei Kreuzung rechts hinunter ins Hengsttal. Schöner Downhill bis Puchberg. Schienen der Schneebergbahn queren, kurz auf Asphalt, danach wieder auf Schotter nach

Hengstberg, Knipflitz bis Schneebergdörfl. Ab hier wieder kurzer Anstieg, danach bergab nach Losenheim. Von dort auf Asphalt Richtung Sonnleiten und weiter nach Unternberg. In Unternberg links hinauf langer Anstieg auf Forststraße entlang des Fadengrabens. Oben angekommen befinden wir uns im Gemeindegebiet von Gutenstein auf der Maumau-Wiese. Einkehrmöglichkeit im Schutzhaus.

Über Wiese kurz bergauf kommen wir zum höchsten Punkt der Strecke (1015 Hm). Weiter über Weide bergab, danach Forststraße zum Schoberhof, weiter entlang des Schoberbaches Rich-

Blick zum Schneeberg im Frühling

tung Haltberghof. Ab hier Asphalt nach Haltberg, weiter nach Puchberg, wieder kleine Runde durch den Ort und zurück zum Ausgangspunkt.

33. TIEFENBACH-STRECKE

Krumbach–Glatz–Purgstall–Ransdorf–Ponwieser Kapelle–Knappenhof–Krumbach

Einstieg: Krumbach – Raika-Parkplatz
Gesamtlänge: 18,3 km
Gesamthöhenunterschied: 580 Hm
Asphalt: 8,1 km
Schotterstraße/Forstweg: 10,2 km
Einkehr: Gasthöfe in Krumbach
Info: • Marktgemeindamt
Marktstraße 17,
2852 Krumbach; ☎ 02647/422 38-0 · Fax DW 22
gdekrumbach@netway.at

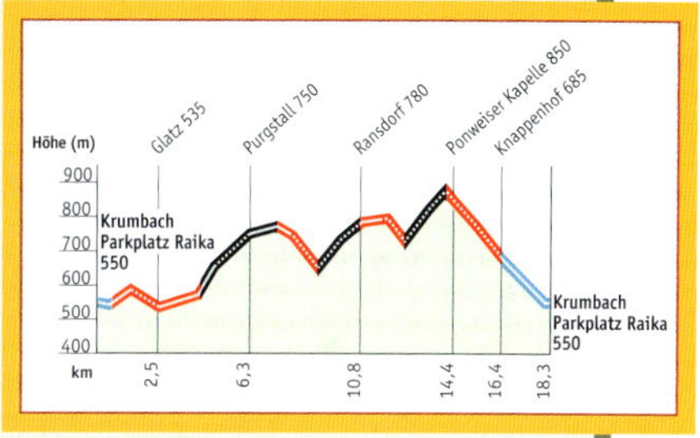

Singletrails, sehr steile Anstiege, Abfahrten für geübte Mountainbiker.

Ca. 1,4 km auf Asphalt durch den Ort (leicht steigend). Danach in den Wald auf schmalen Wanderweg hinunter nach Glatz. Durch Bach und auf Asphalt weiter Richtung Tiefenbach. In Tiefenbach vor Gasthof links, um Gasthof herum und auf Schotter-

weg bergauf durch den Wald bis Purgstall (750 Hm). Ab hier auf Asphalt eben dahin bis zum Grubbauer, vor Bauernhof links in den Wald. Waldweg hinunter selektiv bis zu einer Kreuzung von mehreren Wanderwegen. Zweimal Bach queren und weiter auf Forststraße. Diese steil bergauf bis Ransdorf. Ab hier kurz Asphalt (ca. 700 m); bei Bauernhof links auf Forstweg, diesen weiter ein Stück bergab, danach wieder steiler Anstieg im Wald bis zur Ponwieser Kapelle. Straße queren, Forstweg bergab zum Freilerhof, weiter zum Knappenhof. Ab hier Asphalt. Bergab zurück nach Krumbach zum Ausgangspunkt.

34. ROTES-KREUZ-STRECKE

Lockenhaus–Lisztpromenade–Föhrenhöhe–Hochstraß–Rotes Kreuz–Lockenhaus

Einstieg: Lockenhaus
Gesamtlänge: 10,7 km
Gesamthöhenunterschied: 124 Hm
Asphalt: 3,8 km
Schotterstraße/Forstweg: 6,9 km

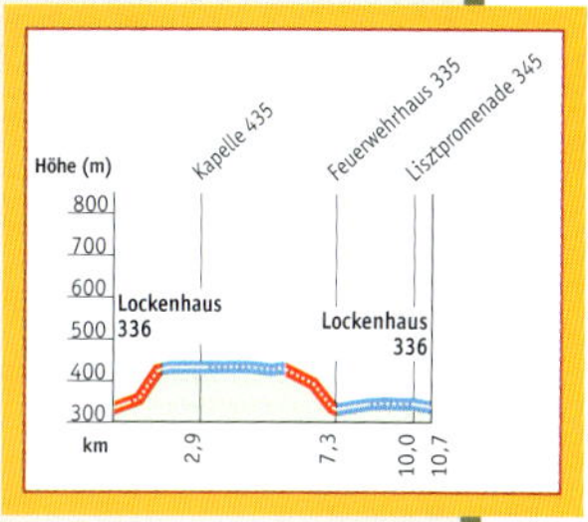

Tipp: Rotes Kreuz: Hier wurde angeblich Attila, der Hunnenkönig, hingerichtet. In den Wäldern rund um das Kreuz sollen noch heute Goldschätze aus dieser Zeit vergraben liegen.

Einkehr: Gasthöfe in Lockenhaus

Info: • Naturpark Geschriebenstein Hauptplatz 30, 7442 Lockenhaus, ☎ 02616/28 00 · Fax 02616/219 22, geschriebenstein@netway.at

Familienfreundliche waldreiche Strecke mit schöner Rastmöglichkeit an einem Teich.

Ein kurzes Stück auf der Bundesstraße 55, danach rechts hinauf in schmalem Erdhohlweg Richtung Föhrenhöhe. Oben angekommen links auf Schotter, der in Asphalt mündet, bis Hochstraß. In Hoch-

straß bei kleiner Kapelle rechts Richtung Forststraße (Schotter) bis zum Roten Kreuz. Von dort geht's immer leicht bergab im Wald Richtung Bundesstraße 55. Diese queren (Hier beginnt Gebiet Esterhazy). Auf einer kleinen Holzbrücke die Güns überqueren und rechts in den Radweg zum Teich einbiegen. Von dort kann man einen schönen Blick auf die Burg Lockenhaus genießen (guter Rastplatz mit Bänken). Danach über Holzbrücke zum Paulusbrunnen, ein Stück im Wald und danach am Sportplatz vorbei in den Ort Lockenhaus zum Ausgangspunkt.

35. GESCHRIEBENSTEIN-STRECKE

Rechnitz–Bozsok (Ungarn)–Velem–Köszeg–Liebing–Lockenhaus–Hochstraß–Gr. Hirschenstein–Rechnitz

Einstieg: Rechnitz Hauptplatz
Gesamtlänge: 56,5 km
Gesamthöhenunterschied: 990 Hm
Asphalt: 29,3 km
Schotterstraße/Forstweg: 27,2 km

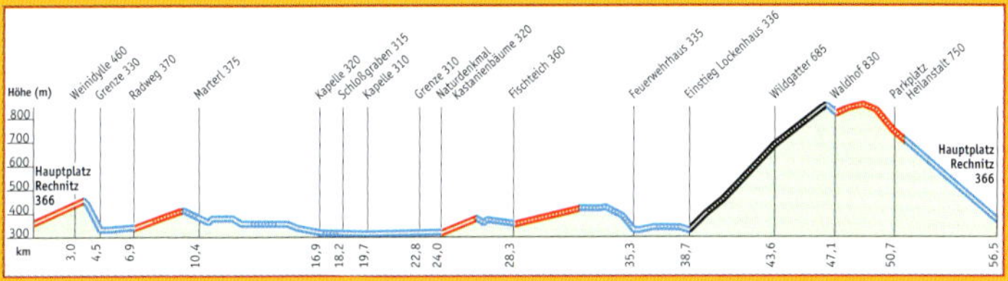

Tipp: Ungarischer Streckenabschnitt ca. 18 km. Reisepass!
Einkehr: Gasthöfe in Rechnitz, Köszeg und Lockenhaus
Info: • Naturpark Geschriebenstein, Hauptplatz 30, 7442 Lockenhaus, ☎ 02616/28 00 · Fax 02616/219 22 geschriebenstein@netway.at

Sehr schöne anspruchsvolle MTB-Strecke, die großteils durch die Wälder der Stiftung Esterhazy führt. Reisepass mitnehmen!

Start am Rechnitzer Hauptplatz, bei der Kirche links Richtung Vinothek, danach in die Kellergasse, vorbei an vielen Weinkellern. Am Ende der Kellergasse Schotterweg bergab zur Staatsgrenze. Grenze passieren, auf Asphalt bis nach Bozsok. Hier mündet die Strecke in den Radweg nach Köszeg ein. Der Radweg führt durch kleine Ortschaften und durch Weingärten. Untergrund teilweise Asphalt, Schotter, Sand und Waldboden. Durch Köszeg, vorbei an Cafes über den Hauptplatz und weiter Richtung Bundesstraße 55. Auf Bundesstraße Richtung Grenze, diese passieren, weiter bis

Geschriebenstein-Strecke
Piringsdorf
Oberloisdorf
Oberpullendorf
Unterloisdorf
Mannersdorf an der Rabnitz
Hochstraß
Hohe Trift
Gregorriegel
Dickriegel
Rotes Kreuz
Rote Erde
Schneeweiß
Brunnriegel
Föhrenhöhe
Kalvarienberg
Hammer
Liebing
Rattesdorf
Szombathely
Lockenhaus
Schl.
Burg
Teich
Paulusbrunnen
Margarethenwarte
Pintér-tető
Kalvarienberg
Kőszeg (Güns)
Weidriegel
Kl. Beerriegel
Gr. Beerriegel
Tábor-hegy
Irány-hegy
Oház
Szabó-hegy
Hosszú-hát
Vörös kereszt
Árpád-forrás
Salzriegel
Blauriegel
Kendig
Cáki-erdő
Kellergasse
Dreieckstein
Hörmann-forrás
Geschriebenstein
Kaltes Bründl
Szentkút
Szent Vid kápolna
Cák (Zackenbach)
Kőszegdoroszló (Deutschdorf)
Günser Gebirg
Waldgebiet
Velem (St. Veit)
Ret malom
Kőszegszerdahely
Mitterriegel
Kohlrücken
Sötet-völgy
Bozsoki-patak
Hót-hegy
Hinterleiten
Kalapos-kő
Bozsok (Poschendorf)
Satzenstein
Weingebirge
Donatikpl.
Budiriegel
Point
Kecske-domb
Oberfeld
Predigtstuhl
Galgenberg
Rechnitz
Rechnitzbach
Großpetersdorf
0 1000m 2000m

Rattesdorf; hier biegt die Strecke nach rechts ab. Durch Liebing und weiter in den Wald der Stiftung Esterhazy. Schönes Waldstück mit Schotter und Waldboden, eher flach. Beim Roten Kreuz angekommen führt die Strecke weiter bis Hochstraß, der Roten-Kreuz-Strecke 34 entgegen, bis nach Lockenhaus.
Nun wie bei Naturpark-Runde 36 weiter. Bei Satellitenanlage links Hohlweg bergab Richtung Rechnitz. Nach ca. 1 km mündet die Strecke in die Landstraße nach Rechnitz ein. Auf Asphalt immer bergab bis zum Hauptplatz von Rechnitz.

36. NATURPARK-RUNDE

Lockenhaus–Waldhof–Oberkohlstätten–Langeck–Steinkreuz–Lockenhaus

Einstieg: Lockenhaus – Parkplatz bei Schule
Gesamtlänge: 27,5 km
Gesamthöhenunterschied: 685 Hm
Asphalt: 7,3 km
Schotterstraße/Forstweg: 20,2 km

Tipp: Burg Lockenhaus

Einkehr: Gasthöfe in Lockenhaus

Info: • Naturpark Geschriebenstein, Hauptplatz 30, 7442 Lockenhaus, ☎ 02616/28 00 · Fax 02616/219 22, geschriebenstein@netway.at

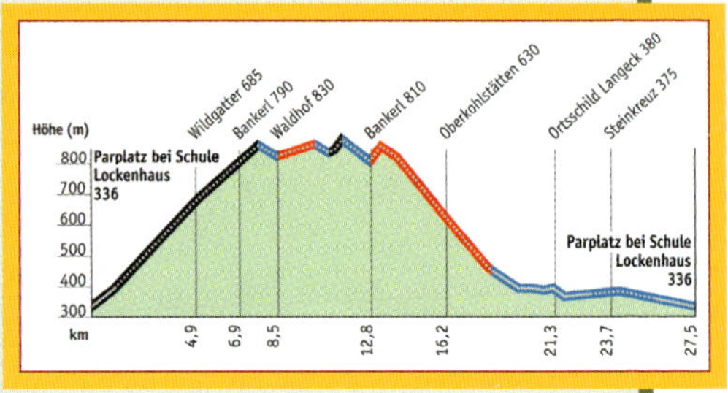

Sehr schöne MTB-Strecke, die uns zum größten Teil durch die Wälder der Stiftung Esterhazy führt. Wenig Asphalt, viel Waldboden.

Durch den Ort und an der Kirche vorbei führt die Strecke nach ca. 1 km rechts in den Marchgraben. Ab hier beginnt der Waldboden, der den größten Teil des Untergrunds dieser Strecke ausmacht. Immer leicht bergauf, bis wir bei ca. 4,3 km die Landstraße queren. Ein kurzes Stück Forststraße und wieder Waldboden danach. Durch einige Hohlwege, bei km 7,6 in die Forststraße nach rechts einbiegen (nach links geht's zur Aussichtswarte Geschriebenstein an der Ungarischen Grenze) und wieder die Landstraße queren. Vor uns liegt nun die Raststätte Waldhof, die für eine Pause bestens geeignet ist. Danach geht es wieder in den Wald. Teilweise Singletrails bis zum Großen Hirschenstein (hier trennt sich die Geschriebenstein-Strecke von der Naturpark-Run-

de), weiter zum Kleinen Hirschenstein bis nach Oberkohlstätten. Weiter über Feldwege und Wiesen nach Weißenbachl. Ab hier auf dem asphaltierten Radweg nach Langeck und auf Feldweg wieder zurück in Lockenhaus zum Ausgangspunkt.

37. DREILÄNDERECK-STRECKE

Hutwisch–Harmannsdorf–Maltern–Offenegg–Dreiländerstein–Loipersdorf–Burgerschlag–Kranzmühle–Hutwisch

Einstieg: Hutwisch – Rastplatz
Gesamtlänge: 28,9 km
Gesamthöhenunterschied: 830 Hm
Asphalt: 10,1 km
Schotterstraße/Forstweg: 18,8 km

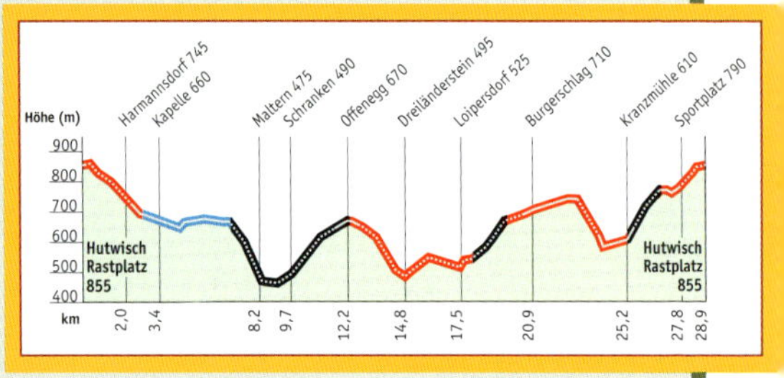

Tipp: Aussichtswarte auf dem Hutwisch: mit 897 m die höchste Erhebung der Buckligen Welt, mit einzigartigem Rundblick vom Neusiedler See über Schneeberg, Rax, Koralpe bis zu den Steiner Alpen in Slowenien.
• Schwarzer Graben: Brunnen neben der Strecke – mineralhältiger Säuerling mit Tafel- und Mineralwasserqualität.
• Dreiländerstein: Schnittpunkt der drei Bundesländer Niederösterreich, Steiermark, Burgenland.

Einkehr: Gasthöfe in Hochneukirchen.

Info: • Marktgemeindamt,
Hauptstraße 26, 2852 Hochneukirchen-Gschaidt,
☎ 02648/202 06 · Fax DW 30

Anspruchsvolle Strecke mit ständig wechselndem Untergrund und interessantem Höhenprofil.

Auf Waldboden leicht bergauf, nach 700 m linker Hand ein Schranken, hier Abstecher zur Hutwischwarte möglich (ca. 300 m

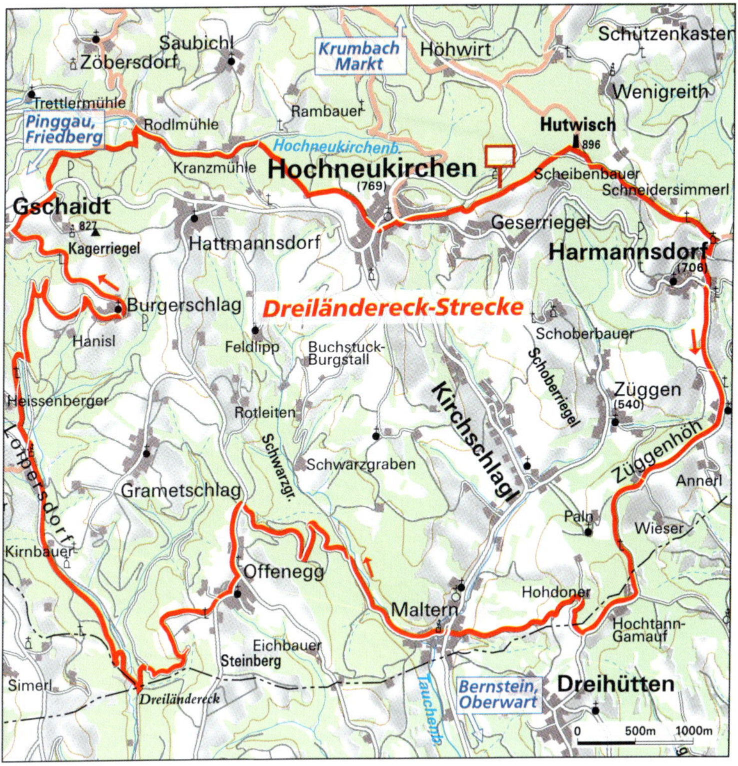

nach Schranken). Danach auf Schotter durch Steinbruch (hier finden kulturelle Veranstaltungen statt), auf Wiesenweg hinunter nach Harmannsdorf. Kurz Asphalt, bei Kapelle vorbei in Feldweg, der nach 900 m in den asphaltierten Güterweg „Dreihütten Hochtann" mündet. Danach über Wiese hinunter nach Maltern. Landstraße queren, bei Gasthof vorbei über Forststraße und in den „Schwarzen Graben". Forststraße ca. 3 km bergauf nach Offenegg. Nach 1 km Asphalt wieder auf Schotterweg Richtung Dreiländerstein. Immer bergab auf Karrenweg kommen wir zum „Dreiländerstein".

Weiter bergauf nach Loipersdorf auf teilweise Waldboden bzw. Schotter. In Loipersdorf 200 m Asphalt, danach gleich wieder Erduntergrund. Durch kleines Sumpfgebiet auf Forststraße hinauf nach Burgerschlag. Auf Asphalt nach Gschaidt. Kurz nach dem

Ort in Waldweg abbiegen, der bergab und nach 1 km kurz über eine Wiese führt, danach wieder in Wald und über Holzsteg. Auf Asphalt kommen wir zur „Rodlmühle". Nach 1 km Asphaltstraße „Kranzmühle", danach links hinauf in Wanderweg, der uns nach Hochneukirchen bringt. Durch den Ort, am Brunnenplatz vorbei, wieder in schmalen Waldweg, der uns nach ca. 600 m zum Ausgangspunkt zurückbringt.

38. HEISSENBERG-STRECKE

Zöbern–Gemeindewald–Kapelle Pichl–Glöckl–Kraxenberg–Zöberau–Zöbern

Einstieg: Zöbern – Gemeindeamt
Gesamtlänge: 20,8 km
Gesamthöhenunterschied: 525 Hm
Asphalt: 11,9 km
Schotterstraße/Forstweg: 8,9 km
Einkehr: Gasthöfe in Zöbern

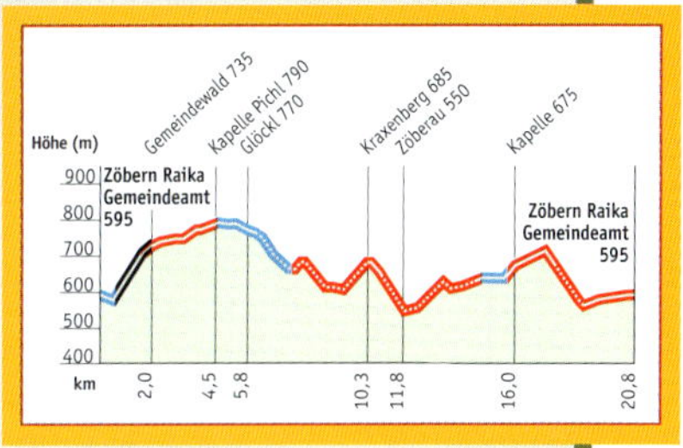

Info: • Gemeindeamt
Hauptstraße 23,
2871 Zöbern; ☎ 02642/87 77 · Fax DW 19
gemeinde.zoebern@netwa.at · www.tiscover.com/zoebern

Schöne Strecke mit toller Aussicht, interessanten Abfahrten und leichten Anstiegen. Auf dem Weg kleine Bauerndörfer. Und natürlich treffen wir immer wieder auf Mostheurige, die zu einer Pause bestens geeignet sind.

Auf Asphalt Richtung Zöberau, bei erster Kreuzung rechts, danach links über Brücke bergauf Richtung Pichl. Ansteigend bis Kapelle am Dorfplatz Pichl. Gleich danach links in Schotterstraße bei Holzschuppen bis Glöckl. Vor Bauernhof links in den Karrenweg, hinunter in den Wald (Hauswald) hinein. Leicht bergab bis zu einer Kreuzung, von oben mündet Schloss-Krumbach-Strecke ein. Weiter fallend bis zu einer Spitzkehre, links spitz zurück immer im Wald entlang nach Kraxenberg. Dort durch Bauernhof auf Asphalt bis zum nächsten Hof. Neben Hof über Kuhweide – manchmal einfach zwischen den Kühen durch – und auf schmalem Hohlweg hinunter bis Zöberau. Durch Bach und gleich links auf Asphalt. Ein kurzes Stück Asphalt und dann rechts in den Wald und in den Ransgraben. Oben angekommen bei Bauernhof vorbei, über

Maisfeld hinunter in einen Wald und durch Graben auf Wiese. Bergauf über Wiese auf Asphalt (Königsegg). Hier verlassen wir die Schloss-Krumbach-Strecke.

Wir fahren spitz zurück und kommen an einigen Bauernhöfen vorbei Richtung Kulma. Noch vor Kulma biegen wir links hinauf und treffen auf die Höllrunde. Schmaler Straße folgend gelangt man zu einem Bauernhof. Durch Hof auf Waldweg mit einigen Kehren hinunter. In Zöberner Au rechts auf Asphalt zurück bis zum Ausgangspunkt.

39. KOGELRUNDWEG

Mönichkirchen–Heidstübl–Mariensee–Almhof–Bergstation Schwaig–Mönichkirchen

Einstieg: Mönichkirchen Talstation
Gesamtlänge: 18,9 km
Gesamthöhenunterschied: 555 Hm
Asphalt: 5,5 km
Schotterstraße/Forstweg: 13,4 km

Einkehr: Gasthöfe in Mönichkirchen

Info: • Marktgemeindeamt 2872 Mönichkirchen. ☎ 02649/209 25 · Fax DW 75 moenichkirchen@netway.at · www.moenichkirchen.at

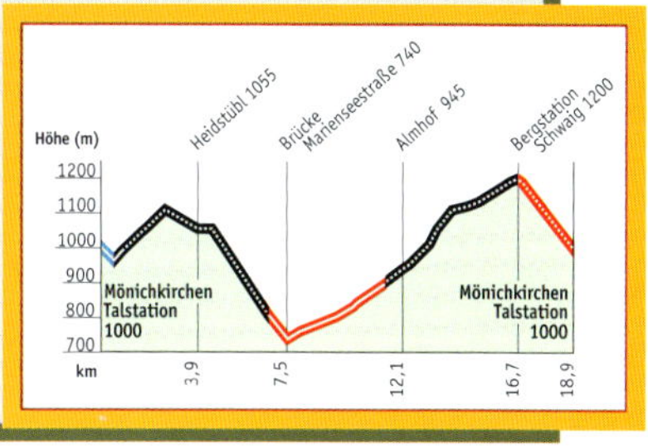

Anspruchsvolle Strecke mit langen Anstiegen, schnellen Bergabpassagen und toller Aussicht.

Durch den Ort auf Asphalt, bei Kirche links Richtung Wanderweg „Rund um den Kogl". Auf den Wanderweg, der nach ca. 1500 m zum Karrenweg Richtung Haidstübl wird. Am „Haidstübl" links auf schönen Waldweg, kurz danach rechts bergab (ca. 2,5 km). Schöne Abfahrt mit vielen Kehren und Forststraßenquerungen, die uns direkt auf die Mariensee-Straße bringt. Auf Landesstraße ca. 3 km entlang, vorbei an schönen kleinen Bauernhäusern, durch den Ort Mariensee in Forststraße Richtung Almhof. Diese Forststraße, die uns auf 1200 Hm zur Mönichkirchner Schwaig bringt, führt an der „Siegerlkapelle" und am Gasthof Fernblick (super Aussicht) vorbei. Nach 5 km und 300 Hm Anstieg oben angekommen Einkehrmöglichkeit im Gasthof Enzian (schöner Fischteich). Kurz danach bei Bergstation Schwaig Start der Sommerrollerbahn, in die die Mountainbike-Strecke einmündet und

uns ca. 2,5 kurvenreiche Kilometer bergab zum Ausgangspunkt zurückbringt.

40. SONNWENDSTEIN-STRECKE

Zubringer Schottwien Hauptplatz–Greis–Semmering–Einstieg Semmering–Enzian-Hütte–Bergstation–Sonnwendstein–Zubringer Schottwien Hauptplatz

Einstieg: Zubringer Schottwien, Hauptplatz
Gesamtlänge: 23,8 km
Gesamthöhenunterschied: 956 Hm
Asphalt: 11,2 km
Schotterstraße/Forstweg: 12,6 km

Tipp: Unesco-Weltkulturerbe Semmeringbahn und Landschaft; Villen und Grandhotels am Semmering

Einkehr:
- Gasthöfe in Schottwien und Semmering

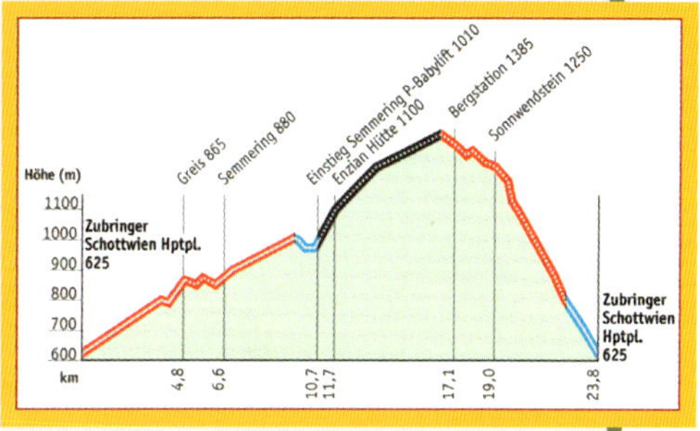

Info: • Gemeindeamt Schottwien, A-2641 Schottwien 55, ☎ 02663/82 13, Fax DW 4; gdeschottwien@netway.at
- Tourismusbüro Semmering, Passhöhe 248, A-2680 Semmering, ☎ 02664/200 25, Fax 02664/200 29; semmeringtourismus@aon.at

Sehr steile Anstiege, Singletrails, Abfahrten für geübte Mountainbiker. Super Aussicht; höchster Punkt der Strecke 1440 m.

Start bei Einstiegstafel Schottwien am Hauptplatz, ab hier Zubringer auf Asphalt ca. 1,3 km. Danach bergauf auf Asphalt, der alten Semmeringstraße folgen Richtung Maria Schutz. Nach ca. 4,8 km auf Schotterstraße einbiegen nach Greis, hier Bundesstraße queren. An einem Teich vorbei gelangen wir in den Ort Semmering. Vorbei an wunderschönen alten Villen kommen wir zum Südbahnhotel. Weiter im Ort auf Asphalt vorbei am Hotel Panhans,

danach rechts hinunter zum Parkplatz neben dem Babylift. Hier Einstiegstafel für mehrere Strecken in dieser Region. Bundesstraße queren und vorbei an Talstation Hirschenkogel auf Forststraße Richtung Sonnwendstein.

Steiler, langer Anstieg mit herrlicher Aussicht. Vorbei an der Enzianhütte, weiter bis zur Liechtensteinhütte, weiter bergauf zur Bergstation Sonnwendstein. Skipiste queren, auf Wanderweg bergab, dann Schotterweg, diesen entlang bis zum Beginn des Weinweges. Ab hier wieder Waldweg, teilweise sehr schmal bis zum Kummerbauerstadl. Einkehrmöglichkeit im Schutzhaus.

Danach weiter in den Hohlweg gleich hinter dem Schutzhaus bergab Richtung Maria Schutz. Super Downhill, bis wir nach ca. 2 km wieder auf eine Asphaltstraße treffen. Diese bringt uns zurück zum Ausgangspunkt nach Schottwien.

41. DONAUBLICK-STRECKE ST. VEIT

St. Veit/Gölsen–Kerschenbach–Göllersreiter–„Hiazi"–Schwarzenbach–St. Veit/Gölsen

Einstieg: St. Veit/Gölsen – Sportplatz
Gesamtlänge: 19,5 km
Gesamthöhenunterschied: 340 Hm
Asphalt: 12 km
Schotterstraße/Forstweg: 7,5 km

Tipp: Auf einem Großteil der Strecke verläuft auch der „Voralpen Mountainbike Marathon", ein Rennen der österreichweiten Mountainbike-Challenge.

Einkehr:
- Jausenstation Grundböck (Hiazi), A-3161 Schwarzenbach 42, ☎ 02763/21 26
- GH Hollaus und GH Prassl

Info: • Gemeindeamt
3161 St. Veit an der Gölsen
☎ 02763/22 12
st.veit@goelsen.net · www.goelsen.net/st.veit

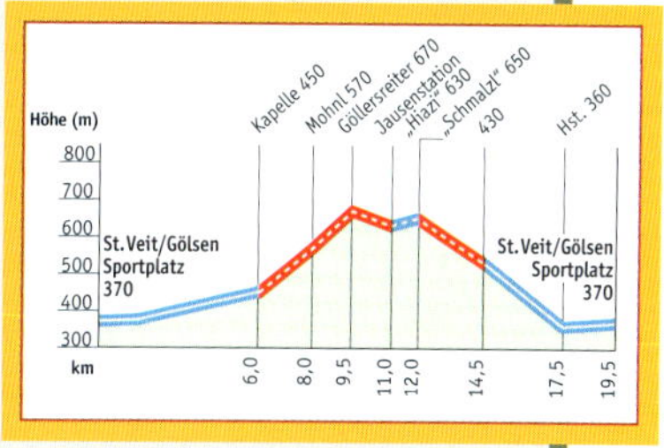

Die wahrscheinlich landschaftlich reizvollste der vier offiziellen Mountainbikestrecken im Gemeindegebiet von St. Veit an der Gölsen. Die gesamte Strecke ist auch für weniger geübte Fahrer bei trockener Piste problemlos zu befahren, Schiebe- oder Tragepassagen sind nicht vorhanden, als Maximalsteigung können 15 % angenommen werden. Die Strecke bietet vor allem an klaren Tagen, insbesondere im Herbst, Ausblicke nach Norden bis ins Waldviertel und im Süden bis zu Schneeberg, Rax und Ötscher.

Entlang der asphaltierten Landesstraße stetig steigend in den Kerschenbach. Über eine steile Schotterstraße bis zum Anwesen „Göllersreiter". Danach Waldtrail ca. 2 km entlang des Bergrü-

ckens (Aussicht!) bis zur Jausenstation „Hirzi“ (Herrlicher Rundblick). Von dort weiterer Waldtrail bis zum Anwesen „Schmalzl“, wo die Abfahrt auf einer Schotterstraße nach Schwarzenbach beginnt. Landesstraße in die Ortschaft Schwarzenbach und weiter nach Wiesenfeld. Dort in den Radweg Richtung St.Veit/Gölsen einbiegen. Nach ca. 2 km wird der Ausgangspunkt der Tour wieder erreicht.

42. MARIAZELLERBAHN-STRECKE

Winterbach–Puchenstuben–Annaberg/Reith–Fadenthal–Mariazell–Erlaufsee–Erlaufklause

Einstieg: Winterbach
Gesamtlänge: 48,8 km
Gesamthöhenunterschied: 1300 Hm
Asphalt: 26,9 km
Schotterstraße/Forstweg: 21,9 km

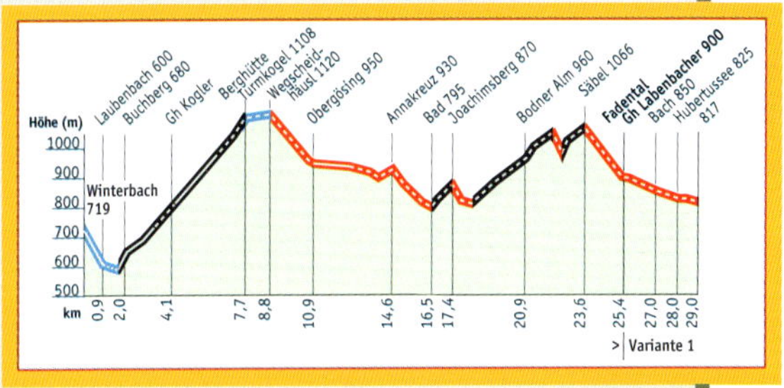

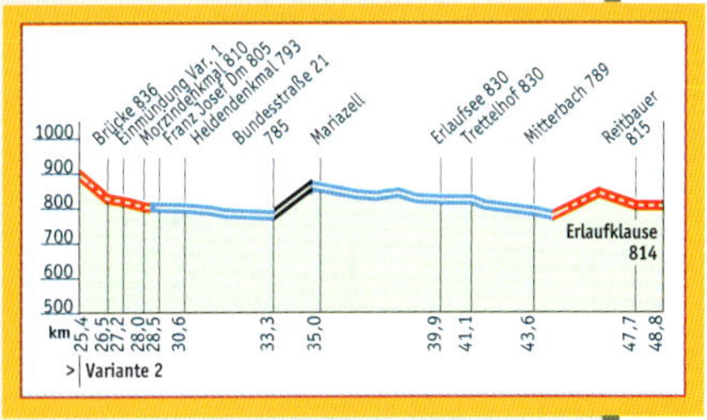

Tipp: Auf der Ebenwaldwiese herrlicher Blick auf den Ötscher. Sollten hier die Beine schon müde und der Durst groß sein: Folgen Sie den Schildern der „Ochsenburg", Sie finden dort ein Jagdhaus mit Jausenstation. • Rund um den Erlebnis-Landgasthof Labenbacher weitere 50 reizvolle Mountainbike-Kilometer. Herr Labenbacher gibt gerne Tipps, wie Sie Ihren Abstecher am besten gestalten können. • In Mariazell Anschluss an die steirische Alpentour. • Badegelegenheit im Erlaufsee.

Einkehr: • Alpenhotel Gösing, A-3221 Gösing 4,
☎ 02728/217
• Erlebnis-Landgasthof Labenbacher, Fadental 3, A-8630 Mariazell, ☎ 03882/30 69-0

Info: • Gemeindeamt, Nr. 25, 3214 Puchenstuben
☎ 02728/770 77, gemeinde.puchenstuben@aon.at · www.tiscover.com/puchenstuben

Puchenstuben
Geißenberg
Bergrotte
Winterbach
Roßkogel
Brandmäuer
Turmkogel
Riesberg
Schwarzkg.
Futterkogel
Weißmäuerl
Vd. Hühnerkogel
Klamm
Hohenassttl.
Molterkogel
Gösing
Mariazeller Bahn
Kapelle
Hochstadelberg
Schießwand
Erlaufboden
Annakreuz
Mariazellerbahn-Strecke
Kl. Koller
Gr. Koller
Annaberg
Lassingrotte
Bärengang
Hst. Annaberg
Reith
Langseitenr.
Weinberg
Sulzkogel
Stausee
Moserkg.
Annarotte
Hohe Mauer
Stierwaschmäuer
Innere Schmelz
Wienerbruck
Schusterwand
Lassingfall
Marienstein
Osterkogel
Josefsberg
Hocheck
Mirafall
Ötscherb.
Alpl
Bärenkogel
Gr. Sulzberg
Pfarrerkg.
Bichleralpe
Hst. Erlaufklause
Erlaufstausee
Josefsrotte
Amaißkg.
Hirschmauer
Gmoakogel
Eseltal
Lärchalm
Fadental
Eben
Schindelkg.
Rehkogel
Gemeindealpe
Mitterbach
am Erlaufsee
Bhf.
Hirschhöhe
Schlagkogel
Sonnwendkg.
Sonneck
Schafkogel
Hubertussee
Walstern
Morzindkm.
Habertheuersattel
Unt. Bärenriegel
Ob. Bärenriegel
Wurzenkogel
Kleinsonneck
Erlaufsee
Franz-Josef-Dkm.
Hochwaldeben
Flugfeld
Habertheuer
Gr. Kainz
Weißenbach
Bürgeralpe
Dreispitz
Hohlenstein
Bärenkogel
Heldendkm.
Bhf. Mariazell
St. Sebastian
Hocheck
Rasingberg
Lackenhof, Lunz a. S.
Mariazell
Rechengraben
Haberriegel
Grünau
Teichmühle
Hollerriegel
Walster
Haller Gr.
Brunnkogel
Nazenriegel
Thaleralm
Kernhof, Mürzsteg
Rasing
Kloster
Unteres Halltal
Halltal
0 1000m 2000m
Laubenbachgegend
Bhf. Laubenbachmühle
Mäuerlberg
Mäuerlbergkapelle
Buchberg
Florkogel

Die Mariazellerbahn-Strecke ist eine anspruchsvolle Strecke, die Sie vom Alpenvorland in das alpine Niederösterreich führt, Sie legen dabei eine halbe Ötscher-Umfahrung (von der Nord- auf die Südseite) zurück.

Zunächst bergab Richtung Laubenbach. Dann geht es stetig leicht ansteigend weiter. Nach insgesamt rund 3,5 km rechts auf einen steilen Karrenweg abbiegen, der nach Puchenstuben führt. Ein kurzes Stück auf der Bundesstraße bergauf zurück, dann nach einer scharfen Kehre rechts abbiegen (km 6,3). Rund 2 km Schotterstraße auf den Turmkogel, kurz bergab, dann erneut bergauf zum Wegscheidhäusl (km 9,5).

Bergab geht's weiter nach Gösing. Über die Eberwaldwiese zur „Ochsenburg". Lässt man diese im wahrsten Sinne des Wortes links liegen, kommt man zur Abfahrt in den Weidachgraben. Achtung: grober Schotter, vor der Ausfahrt auf die Panorama-Strecke kommt ein Schranken! Weiter geht's nach Trübenbach und nach Erlaufboden, hier auf Forststraße abzweigen. Zäher Anstieg mit etwa 400 Hm nach Gösing.

Anschließend führt die Strecke stets leicht abwärts nach Reith (km 17,0). Über einen Sattel (1066 Hm) ins Fadental und zum Erlebnis-Landgasthof Labenbacher. Weiter entlang eines Wanderweges zum Hubertussee (km 28,0). Ständig leicht abwärts zu einer Bundesstraße, in diese rechts einbiegen. Kurzer Anstieg nach Mariazell. Dieses umfahren.

Dann meist leicht bergab radeln zum Erlaufsee (km 40,1). Anschließend weiter auf einem Asphaltsträßchen nach Mitterbach. Der Bundesstraße Richtung St. Pölten folgen und nach rund 2,5 km links zur Bahnhaltestelle Erlaufklause (km 48,8), dem Ziel Ihrer Tour.

Der Ötscher

43. NIVEA-FOR-MEN-STRECKE LACKENHOF

Lackenhof–Gaming–Schindlhütte–Nestelberg–Raneck–Ötscherwiese–Lackenhof

Einstieg: Lackenhof
Gesamtlänge: 36 km
Gesamthöhenunterschied: 870 Hm
Asphalt: 24 km
Schotterstraße/Forstweg: 12 km

Tipp: Auf der Schindelhütte kann man ausgezeichnet jausnen. • Vom Raneck wunderschöne Aussicht auf den majestätischen Ötscher.

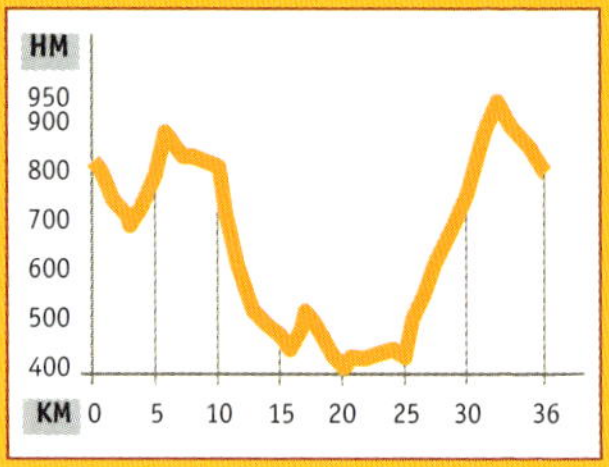

Einkehr: • Schindlhütte, Tormäuerstr. 64, A-3292 Gaming, ☎ 07485/68430
Sporthotels in Lackenhof:
- Bio-Wellnesshotel Jagdhof, Weitental 34, A-3295 Lackenhof, ☎ 07480/53 00
- „Kirchenwirt", Kirchenplatz 4, A-3295 Lackenhof, ☎ 07480/50 50

Information: Tourist Service Lackenhof, Käferbichlstr. 14, A-3295 Lackenhof, ☎ 07480/52 86

Info: • ÖTG – Ötscher Tourismus GesmbH Käferbichlstraße 14, 3295 Lackenhof, ☎ 07480/52 86 lackenhof@aon.at · www.tiscover.com/lackenhof-am-oetscher

Anspruchsvolle Strecke mit steilen Anstiegen und langen Abfahrten. Landschaftlich sehr interessant, Weg führt an einigen Wasserfällen vorbei.

An der Gästeinformation in Lackenhof vorbei bis zur Kreuzung beim Sportgeschäft. Dort rechts. Entlang des Lackenbaches bis zur Abzweigung Dachsbach. Hinauf bis zur Ötscherreith, von dort auf den Kartäuserpfad über die Gamingrotte nach Gaming. In Gaming rechts in die Tormäuerstraße. Über den Filzmoos in die Urmannsau. Entlang der Erlauf zur Schindelhütte. Weiter geht's vorbei am Eingang Naturpark Ötscher-Tormäuer, Parkplatz Eibenboden, durch den Nestelberggraben zur Nestelbergsäge. Von dort steil hinauf zum Raneck, danach bergab über die Ötscherwiese zurück nach Lackenhof.

Blick zum Ötscher

Scheibbs
Gaming
(431)
Hofrotte
Urmannsberg
795
Bockmauer
Unterhof
Oberhof
Urmannsau
Umberg
Filzmoos
525
Herminenquelle
Hochau
Kalvarienbg.
614
Mitterberg
Bichlwald
Wieskogel
891
Heindlgr.
Naskogel
899
Käfergr.
Schwarzenberg
1049
Höllgr.
Ebertal
Kartäuser-
höhle
Holzschlag
Kappenkogel
Gföhlsttl.
939
Gamingb.
Jhtt.
Fadenaubg.
901
Gamingstein
959
Gföhler
Almspitze
1110
Gamingrotte
Happelreith
Unterleiten
Oberleiten
Gföhler Alm
Rainstock
Neudeckb.
Bärengr.
Schleier-
fall
Fallb.
Neudeck
Polzbergkapelle
Polzberg
1208
Ölmäuergr.
Stierhaltkogel
1255
Schneegrübl
Nivea-for-Men-Strecke
Frauenhöhe
Katzenboden
Kartäuserpfad
Schindelberg
1066
Reit-Ahorn
1178
Taschlgr.
Dachsbach
Reitbauer
Oberschindelberg
Unterschindelberg
Polzberg
Gindelkogel
878
Freudental
909
Dippelleiten
Bichlhöhe
955
Großbach
Lackenb.
Bichl
Lunz a. S.
Herodesbichl
Birkenkogel
823
Hirschwand
Ois
Sagkogel
750
Schwarzer Ötscher

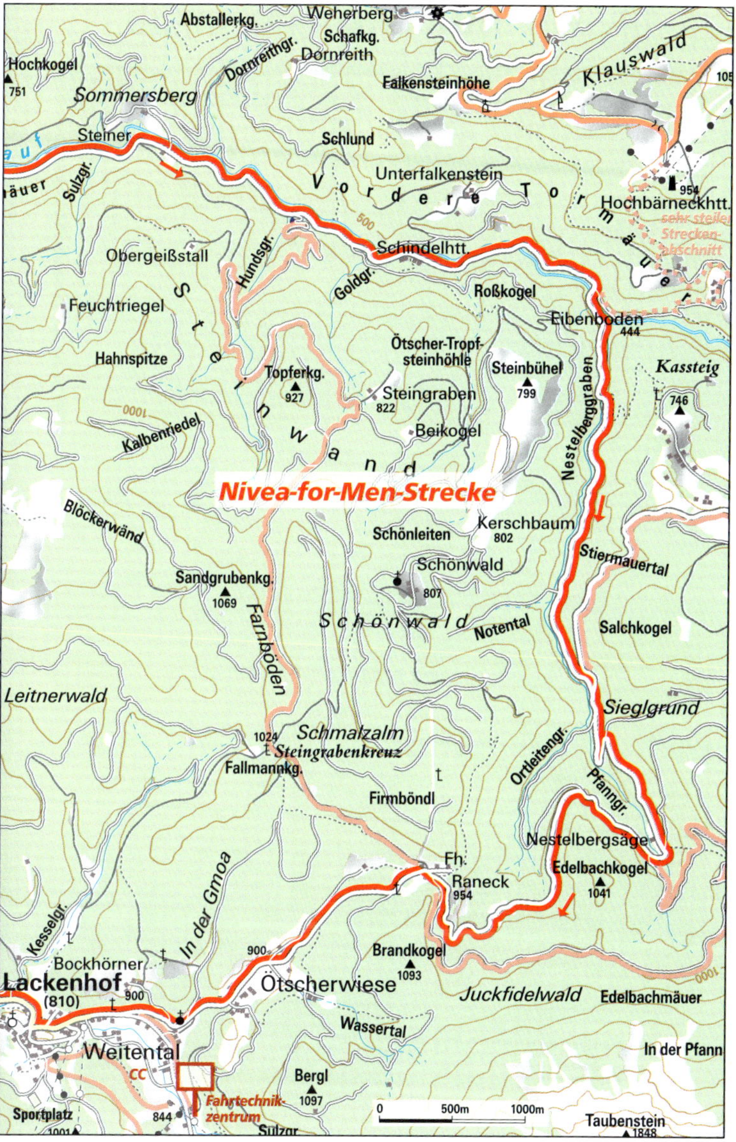

Abstallerkg.
Weherberg
Schafkg.
Dornreithgr.
Dornreith
Hochkogel
751
Sommersberg
Falkensteinhöhe
Klauswald
Steiner
Schlund
Sulzgr.
Unterfalkenstein
Vordere Tormäuer
954
Hochbärneckhtt.
sehr steiler Streckenabschnitt
500
Schindelhtt.
Obergeißstall
Hundsgr.
Goldgr.
Roßkogel
Feuchtriegel
Steinwand
Eibenboden
444
Ötscher-Tropfsteinhöhle
Hahnspitze
Steinbühel
799
Kassteig
Topferkg.
927
Steingraben
822
746
Nestelberggraben
Kalbenriedel
1000
Beikogel
Nivea-for-Men-Strecke
Blöckerwänd
Schönleiten
Kerschbaum
802
Stiermauertal
Schönwald
807
Sandgrubenkg.
1069
Farnböden
Schönwald
Notental
Salchkogel
Leitnerwald
Sieglgrund
Schmalzalm
1024
Steingrabenkreuz
Fallmannkg.
Ortleitengr.
Pfanngr.
Firmböndl
Nestelbergsäge
Fh.
Raneck
954
Edelbachkogel
1041
In der Gmoa
Kesselgr.
Brandkogel
1093
900
Bockhörner
Lackenhof
(810)
900
Ötscherwiese
Juckfidelwald
Edelbachmäuer
Wassertal
Weitental
CC
In der Pfann
Bergl
1097
Fahrtechnikzentrum
0
500m
1000m
Sportplatz
844
Taubenstein
1848
Sulzgr.

44. SONNBRANDALM-TOUR

Hollenstein–Promau–Sonnbrandalm–Garnstatt–Rotmoos–Eisenwiesen–Promau–Hollenstein

Einstieg: Hollenstein – Raikaplatz
Gesamtlänge: 50 km
Gesamthöhenunterschied: 1150 Hm
Asphalt: 21,8 km
Schotterstraße/Forstweg: 28,2 km
Abstecher zur Kitzhüttenalm: (2 x 3,8 km/245 Hm/0/ 2 x 3,8 km)

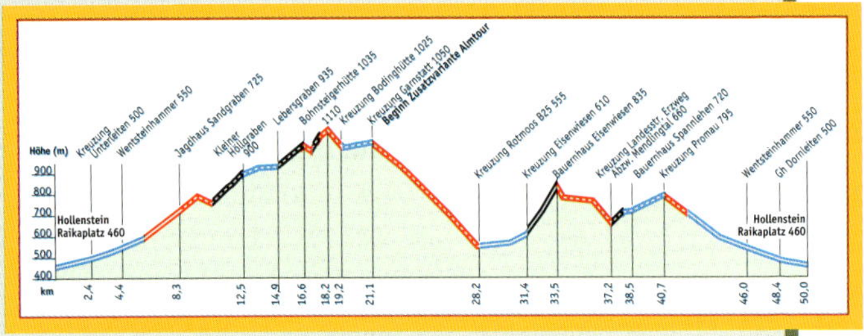

Tipp: Kitzhüttenalm

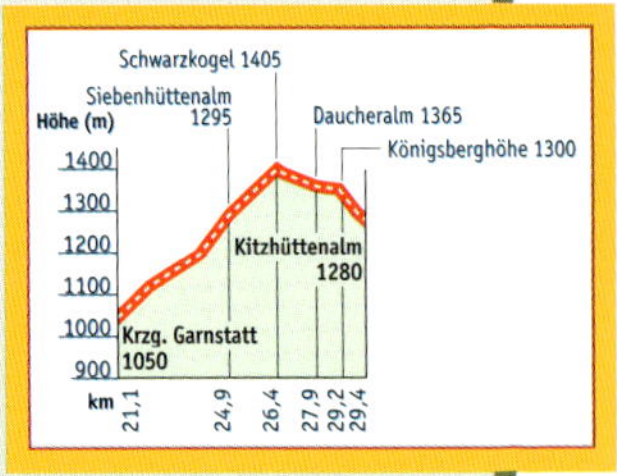

Einkehr: • Siebenhütten-Alm (Juni bis September), ☎ 07445/423 (Hr. Jagersberger)
Gasthöfe:
- Gasthof Rettensteiner, Dorf 39, A-3343 Hollenstein, ☎ 07445/222
- Gasthof Alpenbad Staudach,
- Walcherbauer 5, A-3343 Hollenstein, ☎ 07445/262

Info: • Gemeindeamt, Walcherbauer 2, 3343 Hollenstein an der Ybbs, ☎ 07445/218 · Fax DW 24, hollenstein-ybbs@netway.at

Eine der schönsten Touren des Mostviertels. Der Weg führt über zwei Almen, immer wieder schöne Blicke auf Ötscher, Hochkar und die Eisenerzer Alpen. Keine schwierigen Anstiege und Abfahrten.

Zuerst in Richtung Hammerbachtal (Weggabelung bei km 2,4). Nach einer Aufwärtsstraße bei km 4,3 das Hammerwerk „Wentsteinhammer" mit Raststelle und Schauplatz, nach ca. 1 km kommt der „Treffenguthammer" mit Schmiede und Kinderspielplatz. Vorbei am Jagdhaus Sandgraben (km 8,3), auf Schotter an der Weggabelung Promau rechts weiter (km 9,5) und geradeaus auf einer Forststraße. Bei km 11,5 rechts in die Sonnbrandstraße. Entlang der Südseite des Königsberges einige Anstiege und Abfahrten vorbei an Holzknecht- und Jagdhütten. An der Weggabelung nahe dem Jagdhaus Bodinghütte (km 19,2) auf dem oberen Weg geradeaus, dann führt an der Weggabelung „Garnstatt" (km 21,1) links ein Abstecher zur Siebenhütten-Alm (ca. 3,8 km, 245 Hm).

Wird der Abstecher nicht gefahren, auf dem mittleren Weg rechts bergab ins Rotmoostal, dann bei km 28,2 rechts in die Bundesstraße 25 einbiegen. Weiter Richtung Stanglwirt und dann bei km 30,3 rechts von der Bundesstraße 25 in Richtung Buchmais. Dort links abbiegen (km 31,4) in Richtung Eisenwiesen, dann steil bergauf vorbei am Bauernhof Lacken (km 30,3) und bis zum Bauernhof Eisenwiesen (km 33,5). Auf dem Feldweg geradeaus weiter, nach ca. 400 m bei der Weggabelung (km 33,9) rechts auf die Schotterstraße (km 37,2). Entlang dieser Landesstraße führt die Route dann zurück nach Hollenstein.

Ensemble „Wentsteinhammer"

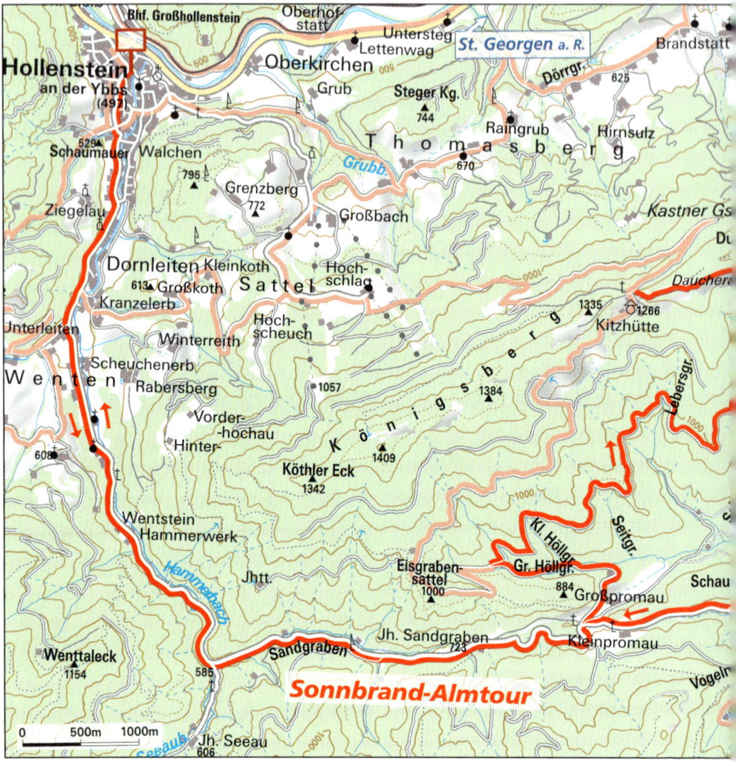
Sonnbrand-Almtour
Hollenstein an der Ybbs (497)
Bhf. Großhollenstein
Oberhofstatt
Untersteg
Lettenwag
St. Georgen a. R.
Brandstatt
Oberkirchen
Grub
Steger Kg.
744
Dörrgr.
625
Raingrub
Hirnsulz
Thomasberg
670
Grubb.
Walchen
529
Schaumauer
795
Grenzberg
772
Ziegelau
Großbach
Kastner Gs
Dornleiten
Kleinkoth
613
Großkoth
Sattel
Hoch-schlag
Kranzelerb
Unterleiten
Winterreith
Hoch-scheuch
1335
1266
Kitzhütte
Scheuchenerb
Wenten
Rabersberg
1057
Königsberg
1384
Vorder-hochau
Hinter-
608
1409
Köthler Eck
1342
Lebersgr.
Seitgr.
Wentstein Hammerwerk
Hammerbach
Jhtt.
Eisgraben-sattel
1000
Kl. Höllgr.
Gr. Höllgr.
884
Großpromau
Schau
Jh. Sandgraben
Sandgraben
723
Kleinpromau
Wenttaleck
1154
585
Vogeln
0
500m
1000m
Jh. Seeau
606
Seeaub.

Sonnbrand-Almtour
Königsberg
Berg
Nollenreith
Tischlergr.
1093 Plansteinhütte
Ebnerbrand
Kurzeck
748
Berger Brandhtt.
Planstein
Almkopf
Siebenhütten
1346
Siebenbrunn
Alpl
Russenhtt.
877
Göstling an der Ybbs
Sulzboden
1452 Schwarzkg.
Simelauer Alm
956
Rotmoosb.
623
Lenzau
1439
Müllnertal
1019
Bodinghtt.
Bodinghöhe
1228
Garnstatt
Binderkogel
1076
Wetterkreuz
Strohmarkt
Bichl
Graben
Hirschleitengrab
Bestandleiten
Ochsenboden
Bohnsteigerhütte
Klausleiten
923 Bodingsattel
Buchmaisalm
Hinterstein
Großlettenwag
Kleinlettenwag
Göstlingbach
Bodingb.
Buchmais
Lackner Kg.
931
Hammerau
1143
Katzenstein
Kamper Mauer
Eisenwiesen
Schoberb.
Lacken
Kampen
1159 Eisenspitz
25
Klein-Brunneck
Spannlehen
834
Sonnberg
Lassing
627
1069
Schwölleck
Im Ort
Großegg
644
Schwölleckau
Lassing
Halstal
Hof
660
685
Legoner

45. ERZWEG-GAMSSTEIN-TOUR

Hollenstein–Wentsteinhammer–Promau–Staudingerhütte–Raffelgrabenkehre–Palfau–Lassing–Spannlehen–Hollenstein

Einstieg: Hollenstein – Raikaplatz
Gesamtlänge: 53,1 km
Gesamthöhenunterschied: 1315 Hm
Asphalt: 28,2 km
Schotterstraße/Forstweg: 24,9 km
Zusatzkehre: 26,1 km/106 Hm/16,1 km/10 km; 5 km der Hauptstrecke werden nicht befahren; Gesamtlänge: 61,4 km

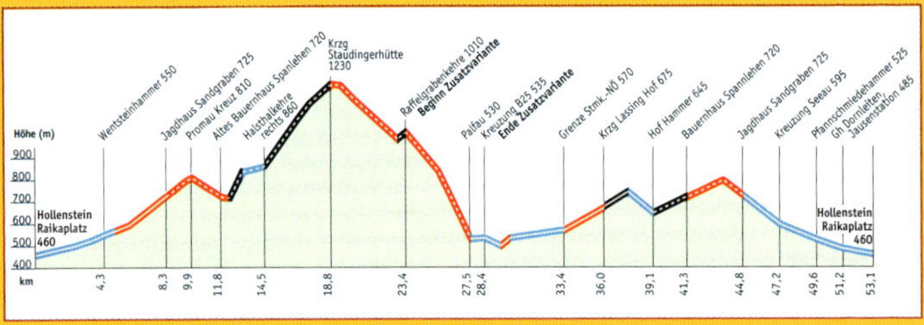

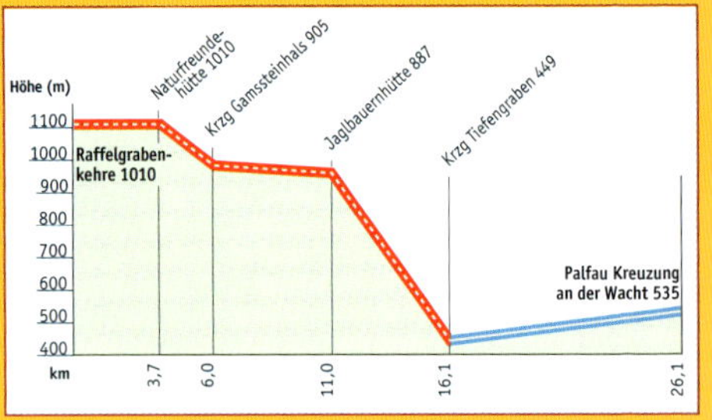

Tipp: Wem die Tour zu kurz ist, der kann ab der Raffelgrabenkehre an die steirische Alpentour anschließend und eine zusätzliche Kehre (+ 26,1 km) einlegen. Hier führt der Weg von der Kehre (0,0) weiter an der Naturfreundehütte Palfau (3,7) vorbei, diese ist an Wochenenden zwischen 15. Mai und 15. September auch bewirtschaftet. Außerdem bietet sich dort ein schöner Ausblick über die Gesäuseberge. Fahren Sie an einer Weggabelung (6,0) auf dem zweiten Forstweg geradeaus weiter, vorbei an der Jagdbauernhütte (11,0) links in die Landstraße (16,1). In Palfau beim Gasthof „Stiegenwirt“ (km 26,1) Richtung Lassing auf die Bundesstraße 25. • Erlebniswelt „Mendlingtal“: Hier befindet sich die einzige noch betriebsfähige Holztriftanlage Europas.

Einkehr: • Naturfreundehütte Palfau, (am Wochenende von Mai bis September) ☎ 03683/363 od. 03683/384
Gasthöfe:
- Gasthof „Stiegenwirt", A-8923 Palfau 159
- Gasthof Fahrnberger, Lassing 19, A-3345 Göstling/Ybbs, ☎ 07484/72 34
- Gasthof Alpenbad Staudach, A-3343 Hollenstein, ☎ 07445/262
- Gasthof Rettensteiner, A-3343 Hollenstein, ☎ 07445/222

Info: • Gemeindeamt, Walcherbauer 2, 3343 Hollenstein an der Ybbs, ☎ 07445/218 · Fax DW 24, hollenstein-ybbs@netway.at

Einige schwierige Anstiege und Abfahrten; herrliches Hochplateau. Tolle Aussicht auf Gesäuse und Eisenerzer Alpen.

Von Hollenstein bis km 11,5 wie bei Sonnbrandalm-Tour, dann jedoch geradeaus weiter auf einer Forststraße. Bei km 12,3 abzweigen und bergauf über mehrere Kehren zum Weidegebiet Scheibenberg-Hochplateau. Nach der Weggabelung (km 20,1) links über die nö.-steirische Grenze und dann in der Raffelgrabenkehre (km 23,4) links hinunter. Auf der Hauptroute führt die Strecke nach der Raffelgrabenkehre am Mühlbauernkogel (km 25,4) rechts auf dem Moaralm-Forstweg weiter bis zum Postamt in Palfau (km 27,5). Dort links und beim Gasthof „An der Wacht" in Richtung Lassing auf die Bundesstraße 25 einbiegen. Dort (km 36) links in Richtung Hof. So kommen Sie zum „Hof-Hammer" (km 39,1), zum Gasthof Fahrnberger und zur Erlebniswelt „Mendlingtal". Dieser Straße weiter zum Ausgangspunkt folgen.

Hollenstein, Hubertuskapelle

Frenzsattel
Wentner Alm
Hollenstein an der Ybbs
Hammerbach
Jhtt.
Sandgraben
Jh. San
Wenttaleck
1154
Langmauer
Voralm
Schneegruben
Stumpfmauer
1770
Jhtt.
Teufelskirche
Kopetzkysteig
Stumpfhtt.
Seeaub.
Jh. Seeau
606
585
Hüttgraben
Tanzboden
1727
Bretterboden
Stumpfb.
Schottgr.
Seeboden
Seeaub.
Seeau
Schläggr.
Gamssteinhtt.
1420
Kleinpron
Christebauernka
Haselluckehtt.
1069
Gscheid-sattel
1026
Föhrenberg
Weitgoßgr.
Gamsstein
1739
Roßkogel
Langmauer
Hinterkamp
Winkleralm
Vorderkamp
1774
1770
Hochkg.
1766
Gamssteineck
Hühnerriegel
Pfarrerhochal
1264
Bachleitneralm
Gamssteingr.
Blaserkogel
1604
Erzweg-Gamssteintour
Bärtal
Jhtt.
Naturfreundehtt.
1020
Sonnseite
Kreisten
Bergbauernalm
Schneelahntal
Bärenlucke
Bergbauer
Gamsstein-hals
930
Waidtal
Palfau
574
Gartleck
1003
Struppbaueralm
Gr. Sulzkogel
1185
Birkner
Lackner
Schneßl
Untere Palfau
Salza
Weber
Sulzbachauhtt.
Kl. Sulzkogel
Sulzbachalm
Jhtt. Sulzbach
508
Hammerl
Heben-streit
Karlbauer
Mooskogel
Fuchsangerlhtt. (Jhtt.)
Saggraben
Kleiner
Akogel
Kerzenmandl
1246
Jaglbauernhtt.
837
1171
Großer
Eschau
Eschauhütte
Variante
Sattel
883
Kaltengraben
Sandriedel
Akogelbauer
888
Jhtt.
Gamsleiten
Großreifling
Hieflau
Tiefengraben
487
Akogel
1190
Schweinhalt
713
Unt.-
Gamsbauer
Schönleiten
Gams
Salza
Kaiserbauer
Gams b. Hieflau

Erzweg-Gamssteintour
Großpromau
Schaueck
Spannlehen
Sonnberg
Kleinpromau
Vogelnestrücken
Legoner
Halstal
Hof
Großegg
Schwölleckau
Brettseiten
Erlebniswelt Mendlingtal
Niederscheibenberg
Ruhkogel
Staudingerhtt.
Lassing
Scheibenberghtt.
Zinken
Staudinger
Scheibenberg
Mendlingbauer
Raffelgraben
Scheibenbergkg.
Dreizipf
Mendling
Göstling an der Ybbs
Schöfsteinkg.
Raffelmäuer
Grabenbauer
Dürrengr.
Moaralmhtt.
Mühlbauernkogel
Erzhalden
Obere Palfau
Wildalpen
An der Wacht
Rodlerin
Püllgraben
Lärchkogel
Voralpen
Reiteralm
Grantenkg.
Wolfsteinhtt.
Wolfstein
Sattelbauer
Hollenstein an der Ybbs (497)
Oberkirchen
Grub
Ziegelau
Grenzberg
Großbach
Dornleiten
Kleinkoth
Sattel
Hochschlag
Hochscheuch
Unterleiten
Wenten
Köthler Eck
Wentstein Hammerwerk
Hammerb.
Jhtt.
Wenttaleck
Sandgraben
0 500m 1000m

46. KITZHÜTTENALM-TOUR

Hollenstein–Wentsteinhammer–Promau–Kitzhütte–Königsberg–Hollenstein

Einstieg: Hollenstein Gemeindeamt
Gesamtlänge: 28,4 km
Gesamthöhenunterschied: 885 Hm
Asphalt: 13,5 km
Schotterstraße/Forstweg: 14,9 km

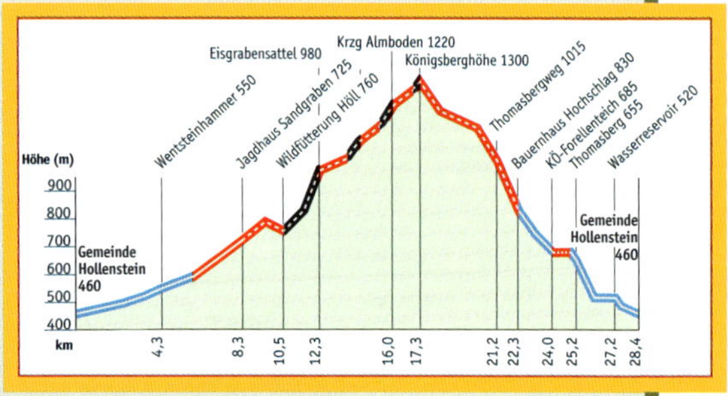

Tipp: Flussstrandbäder an der Ybbs

Einkehr: • Kitzhütte (von Juni bis September), ☎ 07445/412 (Hr. Mandl)

Gasthöfe:
- Gasthaus Haslinger, A-3343 Hollenstein/Ybbs, ☎ 07445/386
- Gasthaus Jagersberger, Sattel 4, A-3343 Hollenstein/Ybbs, ☎ 07445/374

Info: • Gemeindeamt, Walcherbauer 2, 3343 Hollenstein an der Ybbs, ☎ 07445/218 · Fax DW 24, hollenstein-ybbs@netway.at

Mit 885 m Höhenunterschied und einigen steileren Anstiegen eine Tour für sportliche Biker. Landschaftlich sehr reizvoll.

Bis km 11,5 wie bei Sonnbrandalm-Tour 44. Dieser ca. 2 km weiter folgen, dann jedoch geradeaus steil bergauf zum Eisgrabensattel (km 12,3). Vorbei an prächtigen Almwiesen zur Kitzhüttenalm (km 17,1) und weiter zum höchsten Punkt der Tour, dem Königsberg (1300 Hm, km 17,3). Forstweg halbrechts (Achtung, nicht den Almauftriebsweg!) abwärts zum „Kastner Gschlief" (km

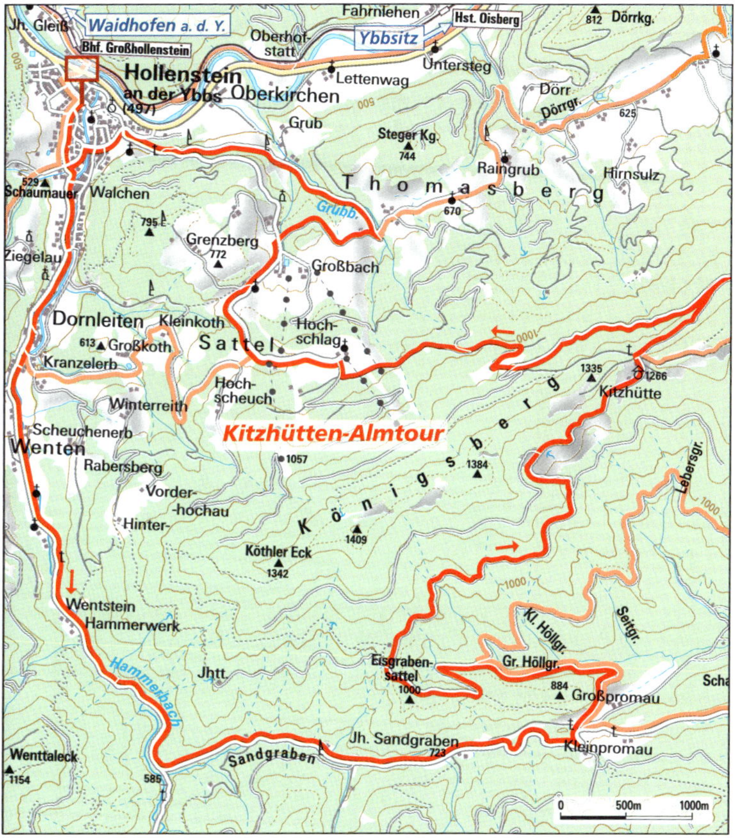

18,3). Dann auf dem Almauftriebsweg (km 20,2) rechts steil bergab, vorbei an den Königsberger Liften. Geradeaus die Gasthäuser Haslinger und Jagersberger (Reiterhof), beim Forellenteich (km 24,0) nach ca. 50 m rechts ab, hier führt eine Schotterstraße durch die Beerenhaide, sie mündet dann bei km 24,9 in Asphalt. Zum Ausgangspunkt der Tour bei der Abzweigung (km 25,2) geradeaus bergab und links an der Schule vorbei (km 27,5).

Kitzhütte Hollenstein

47. IDA-PFEIFFER-STRECKE

Ybbsitz–Nothberg–Reiterhof Theuretzbach–Maria Seesal–Wülfach–Gadenweithöhe–Zogelsgraben–Ybbsitz

Einstieg: Ybbsitz
Gesamtlänge: 31 km
Gesamthöhenunterschied: 650 Hm
Asphalt: 21 km
Schotterstraße/Forstweg: 7,5 km
Karrenweg/Wanderweg/Pfad: 2,5 km

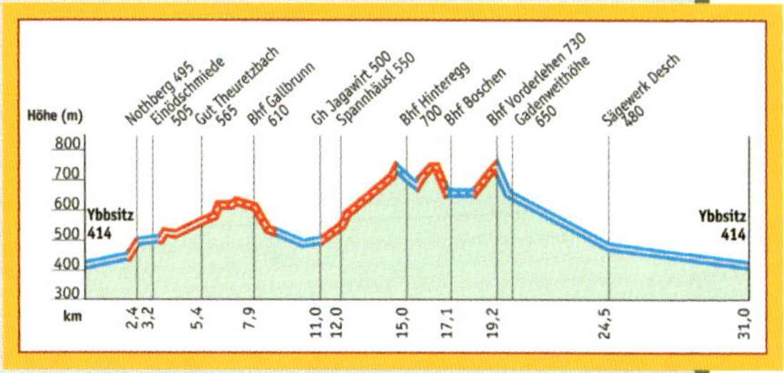

Tipp: Ida Pfeiffer: Die bekannte Weltreisende erholte sich hier von ihren anstrengenden Reisen und unternahm viele Spaziergänge rund um Maria Seesal.

- Metallkurs- und Schmiedezentrum Ybbsitz: Wer hier mit offenen Augen unterwegs ist, entdeckt auf Schritt und Tritt die Zeugnisse vergangener hoher Schmiedekunst
- Gutshof Theuretzbach mit einmaligem Ambiente: gastronomischer Betrieb, moderne Stallungen, Reiterhalle, Fischteiche u. a., eingebettet in eine wunderschöne Kulturlandschaft.
- Maria Seesal: Wallfahrtskirche in abgeschiedener Lage auf einem Hügel, die „infolge wunderbarer Gebetserhörung" gegründet wurde. 1904–1906 Neubau einer größeren Kirche oberhalb der Kapelle. Sehr beliebt für Hochzeiten; liegt direkt am „Mariazellerweg".
- Ybbsitz: Marktplatz mit Kirche, Museum „Haus Kremayr" mit Schmiedemeilen-Inforaum, Schmiedemeile, Nothdörfl, Hammerwerke entlang der Strecke, Ybbsitzer Erlebnisbrücke, originalgetreuer Nachbau einer Schleife am Wasserfall.
- Berggipfel/Bergwanderungen: Prochenberg (1123 m) – direkt über dem Markt steil aufragende Waldkuppe mit ältester Alpenvereinshütte NÖ und modernem Aussichtsturm – großartige Aussicht.

• Friesling (1340 m): freie, einsame Gipfelhochfläche mit großartigem Überblick über die Ybbstaler Alpen.
• Routenanschlussmöglichkeit : Alte-Eisenstraße-Tour, Rauheisenweg-Strecke.

Einkehr: • Gasthof Reiterhof Gut Theuretzbach
• Waldpension Maria Seesal
• Gasthof Krumpmühle
• Gasthof Jagawirt
bei den folgenden Bauernhöfen auf Anfrage sowie Eisenstraßewirte in Ybbsitz:
• Gasthof zum goldenen Hirsch
• Gasthof an der Eisenstraße

Info: • Kulturpark Eisenstraße-Ötscherland, Eisenstraße 13, 3341 Ybbsitz, ☎ 07443/866 00, anita@eisenstrasse.or.at · www.eisenstrasse.or.at

Tour für Natur- und Kulturliebhaber. Landschaftlich sehr reizvoll, schöne Wald- und Wiesenwege, kurze steile Anstiege und Abfahrten.

Über den Marktplatz entlang der beschilderten Schmiedemeile mit ihren Hammerwerken in die Noth. Der erste Anstieg über den „Nothberg" hinauf bis zum Einödhammer. Hier weitet sich langsam das Tal und es geht gemütlich weiter bis zur Abzweigung Reiterhof Gut Theuretzbach. Es folgt ein kurzer Anstieg und schon geht's wieder bergab, kurz auf Schotterstraße, dann auf Asphalt, unterhalb der Wallfahrtskirche „Maria Seesal" und der idyllisch gelegenen Waldpension vorbei. Rechts ab, vorbei am Gasthof und Sägewerk „Krumpmühle", entlang des Baches bis zum Gasthof „Jagawirt". Hier beginnt der selektivere Teil der Tour. Wunderschöne, abwechslungsreiche Strecke durch den abgeschiedenen Gemeindewald „Wülfach", dann über zwei Bergrücken – geprägt von kurzen, steilen Anstiegen, die sich mit Abfahrten abwechseln. Nach einem letzten sehr steilen Anstieg beim Bauernhof „Vorderlehen" in die von Gresten-Land kommende „Rauheisenwegstrecke" einbiegen. Dieser bis zur „Kreuzkogelkapelle" folgen und

Am Kogl
Kirchweg
Gresten
435
Schallau
Waidhofen a. d. Y.
Zehentmühle
Schwarze Ois
Hochbuchberg
695
Ybbsitz
Bhf. Ybbsitz
Hinterleiten
Jank
Prochenberg
Weg
Haselsteinhof
Kochbichl
Ungermühle
Waldkapelle
Haselsteinwand
Modelsberg
Zogelsau
Die Noth
1123
Prochenberghtt.
Prochenberg
Hintereck
Ida Pfeiffer-Strecke
Noth
Vorder-
-rehberg
Bauernschrotmühle
Untergseng
905
Prebichl
Hinter-
Kripplleiten
Rechen
Hoferberg
824
Obergseng
Mitterlehen
Einsatzkarte
Kleinprolling
Krumpmühle
Ober-
-weissenbach
524
Maria Seesal
812
Spanberg
Mitteregg
Groß-
Klein-
-theuretzbach
Unter-
Wülfachgr.
Schenkenberg
761
Saurüssel
Jhtt.
Salleck
Grasberg
0
500m
1000m
Zinken
Zogelsgraben
Kripplleiten
Zogelsbach
Gadenweit
Mittereggeben
Hofstatt
Ida Pfeiffer-Strecke
Zogelsb.
Schoberau
Kuckuckskogel
Langsenlehen
812
Spanberg
Maria Seesal
Hinteregg
Vorderegg
Federlehen
Wülfachgr.
Bären-
kogelgr.
900
Hofmannsberg
Jh. Wülfach
Jhtt.
Bärenkogel

Erlebnisbrücke Ybbsitz

abwärts entweder über Bodingbach nach Lunz am See oder der Beschilderung folgend zur „Hochalm". Zweimal links abwärts (durchwegs auf Asphalt) entlang des schmalen und kurvenreichen „Zogelsgraben" bis zum Sägewerk Desch. Rechts und dann immer geradeaus, vorbei am Gasthof Ungermühle und am Stammwerk der Welser Profile AG zurück nach Ybbsitz.

48. BELLEVUE-STRECKE

Waidhofen–Arzberg–Hubberg–Franzenreith–St. Leonhard–Kogel–Sonntagberg–Luegergraben–Böhlerwerk–Waidhofen

Anfangs-/Endpunkt: Waidhofen – Parkbad
Länge: 42,6 km
Gesamtanstieg: 860 hm
Asphalt: 38,1 km
Forststraße/Schotter: 4,5 km

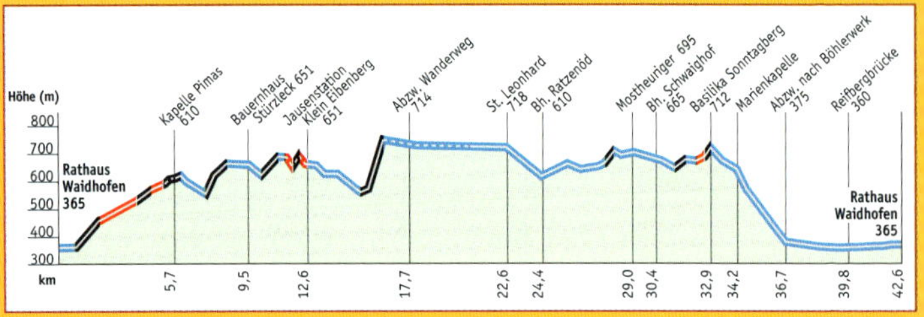

Tipp: Peter Ettel, der Eisenstraßenwirt, kann einiges über Heimat, Land und Leute erzählen; sehenswert auch die Kirche von St. Leonhard • Naturpark Buchenberg mit Wildgehege • Stadtrundgang durch historische Altstadt Waidhofen; Heimatmuseum • Basilika am Sonntagberg.

Touren: weitere Touren in Waidhofen sowie insgesamt 30 Touren in der Bike-Arena Mostviertel

Einkehr: Gasthof Maria Theresia Ettel, St. Leonhard, ☎ 07442/(5)72 21

Info: • Tourismuswerkstatt, 3340 Waidhofen/Ybbs, Freisingerberg 2, ☎ 07442/511-255, tourismus@waidhofen.at
• Gemeinde Sonntagberg, Waidhofner Straße 20, 3332 Rosenau, ☎ 07448/22 90, gde.sonntagberg@netway.at
• MTB-Guide Anita Eybl

Der Name hält was er verspricht – tolle Ein- und Ausblicke ins idyllische, hügelige Mostviertel und in die alpine Berglandschaft der niederösterreichischen Eisenwurzen. Ideale Einstiegsrunde zu Saisonbeginn, besonders zu empfehlen zur

Zeit der Birnbaumblüte. Eine Runde für sonnenhungrige Genießer.

Die Stadt der Türme, Waidhofen an der (grünen) Ybbs, ist Ausgangspunkt dieser Tour. – Wir starten beim Parkbad und radeln gemütlich flussaufwärts entlang der herrlichen Konglomeratlandschaft der Ybbs. Nach ca. 1 km links abzweigen den Berg hinauf. So erradeln wir uns die ersten 200 Hm. Vorbei an idyllischen Bauernhöfen kommt man bereits jetzt in punkto Aussicht auf seine Kosten. Einmal kurz bergab, bergauf, radeln wir immer am südseitigen Bergrücken entlang.

Bei km 8,4 verlassen wir die Asphaltstrecke – vorher genießen wir noch den Blick auf die in voralpine Berge eingebettete Marktgemeinde Ybbsitz. Links erst über einen Karren- dann über einen Wiesenweg, vorbei an einer kleinen Kapelle zum nächsten großen Bauernhof. Direkt bei der kleinen Kapelle (km 11,2) nach rechts auf eine Schotterstraße. Bei km 12 der letzte noch strohgedeckte und äußerst idyllische Bauernhof „Eckamp". Weiter geradeaus der Markierung folgend vorbei an der Jausenstation „Klein Eibenberg" bis km 13,9. Bei Kapelle links abbiegen, rechter Hand der Bauernhof, leicht bergab und anschließend 1,5 km bergauf bis zur Kreuzung km 16,1. Hier links abzweigen und leicht bergab bis km 17,7 – Markierung beachten. Rechts über die Wiese und Einmündung in den Wanderweg 04. Wunderschöner Wiesenweg einmal kurz bergauf und bergab mit tollen Einsichten und Aussichten ins hügelige Mostviertel und in die voralpine Eisenwurzen.

Bevor wir wieder die Asphaltstraße in Richtung St. Leonhard erreichen, ist durch ein kurzes Waldstück noch einmal Wadlkraft angesagt. Bei km 20,5 rechts auf Asphalt erreicht man St. Leonhard nach km 22,4, wo Sie beim Eisenstraßen-

Wallfahrtskirche Sonntagberg

wirt Peter Ettel Ihre Batterien bei einem ausgiebigen Sportlermenü wieder aufladen können.

Nach der Stärkung über die Mostviertler Höhenstraße – vorbei (oder auch nicht!) an unzähligen Mostheurigen zur Gottesburg der Eisenwurzen, der Basilika Sonntagberg (km 32,6), wo man nach einem Rundgang den letzten Panoramablick genießen kann. Abwärts geht's der Beschilderung folgend in den Lueggraben. Bei km 36,7 in Böhlerwerk über die Bahngeleise und links flussaufwärts entlang der romantischen Ybbsuferlandschaft bis zum Ausgangspunkt Parkbad, wo man sich bei einem Sprung ins kühle Nass erfrischen kann.

Schliefau
Fünfhaus
Stein
Zauch
St. Leonhard
am Wald
726
Winkelbauer
Schmiedberg
790
Schind'
Bretterwald
700
Schliefaub.
Flaschelsteinbach
Taxberggr.
Außertoifenbach
Änsberg
713
Taxberg
Saurüsselgr.
Kramseck
809
Schlag
Tiefenbach Kramseck
Schwarzleh
628
Bellevue-Strecke
730
Schmalzreith
Wiesberg
789
St. Aegidi
(590)
627
Oberrauchegg
Bremstallb.
722
Lehen
am Mitterreith
Ort
Steinkeller
Unterrauchegg
Putzmühle
Höttellehen
Schwarzbach
Hubberg
Reißnerlehen
Urlbach
Zulehen
Reithbauer
Großeibenberg
631
Kleineibenberg
765
Hub
687
Ekamp
Haselgraben
Gresten
Thor
Haselgraben
Stürzenhoferedt
Anger
Größing
775
Schallauberg
22
Schallau
Zehentmühle
435
Hochbuchberg
Sommeröd
Stöckl
Grestenberg
Hst. Gurhof
Bhf. Ybbsitz
Ybbsitz
0
1000m
2000m
695
624
702
692

49. WOLFSLEITEN STRECKE

Frankenfels–Krumbach–Wolfsleiten–Frankenfels

Einstieg: Frankenfels, Ortszentrum, bei der Brücke über die Natters
Gesamtlänge: 27,3 km
Gesamthöhenunterschied: 1015 Hm
Asphalt: 14,9 km
Schotterstraße/Forstweg: 12,4 km

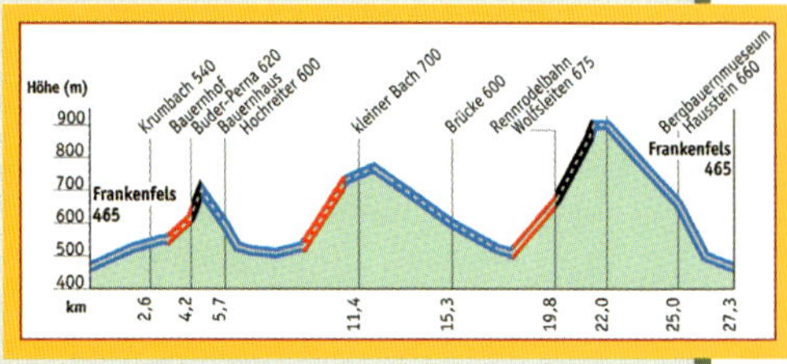

Tipp: Frankenfels ist mit Bahn und Auto gut erreichbar, entweder über die B 39 oder mit der berühmten Mariazellerbahn.
Nixhöhle: Tropfsteinhöhle, die die Auszeichnung „Naturdenkmal" trägt. Führungen 1. Mai bis 26. Oktober immer an Sonn- und Feiertagen, um 11.00, 13.00, 14.30 und 16.00. Gruppen ab 10 Personen gegen Voranmeldung jederzeit.
Gasthof Lichtensteg: Familie Buder-Perna produziert den vorzüglichsten Schafkäse.
Reiterhof „Spiellaube": U. a. Schnuppertage mit einem geprüften Westernreitwart
Bergbauernmuseum Hausstein mit Holzknechthütte, wo über offenem Feuer der weithin bekannte Holzknechtsterz gekocht wird.

Einkehr: • Gasthof Pension Lichtensteg, A-3213 Frankenfels, Übergangrotte 15, ☎ 02725/202, Mo Ruhetag
• Biomostheuriger Hausstein, A-3213 Frankenfels, Rosenbühelrotte 9, ☎ 02725/218, geöffnet 1. Mai bis 26. Oktober
• Gasthof Pension Voralpenhof, A-3213 Frankenfels, Rosenbühelrotte 43, ☎ 02725/401, Mo Ruhetag

Info: • Gemeindeamt, Markt 10, A-3213 Frankenfels ☎ 02725/245-15 o Fax DW 12; E-mail: m.frankenfels@netway.at o www.tiscover.com/frankenfels

Die Wolfsleiten-Strecke ist eine sehr anspruchsvolle Strecke, die zum Teil über Wege führt, auf denen im Winter die Rennrodler unterwegs sind.

Zunächst auf der Bundesstraße 39 Richtung Mariazell bis zum Ortsende. Dort links in den Fischbachgraben einbiegen. Leicht ansteigende Strecke bis zu einer Weggabelung. Hier den rechten und steileren Weg wählen und vorbei an einem Zimmereibetrieb über die Wieshöhe wieder bergab über einen Schotterweg in die Boding.
Nach Überquerung der Wieshöhe wieder auf die Bundesstraße 39 und links weiter Richtung Mariazell. Schon nach wenigen hundert Metern links abbiegen zum Gasthof Lichtensteg (km 3,0). Vorbei am Gasthof Lichtensteg und sofort wieder rechts auf eine Schotterstraße. Nun geht es in vielen Kehren steil bergauf zum Bergbauernhof Perna (km 4,2). Weiter geht's über einen Karrenweg bergauf, zuerst am linken, dann am oberen Wiesenrand entlang. Wunderbare Aussicht auf das Tal und vor allem auf die Mariazellerbahn. Nun geht es auf einer sehr groben Schotterstraße bergab zum Bahnhof Laubenbachmühle. Von hier besteht entlang der Landesstraße eine Verbindung zur Mariazellerbahnstrecke.
Nach einer Brücke rechts einbiegen Richtung Gasthaus Gabauer (km 6,2). Hier auf jeden Fall nochmals die Getränkeflaschen füllen, denn nun gilt es den Frankenfelsberg zu erobern. Beim Gasthaus Gabauer rechts wieder auf die Bundesstraße 39 ein (Verkehr!). Nach 1 km noch vor der Mariazellerbahn-Unterführung links in die Höllgrabenstraße. Bei km 9,0 rechts auf eine Schotterstraße zum Bauernhof „Mitternestelberg". Karrenweg mit Wiesenquerungen zum Bauernhaus „Hag" (km 12,0). Links auf eine Asphaltstraße, nach 100 m wieder rechts in den Klammergraben Richtung Bauernhof Seestein. Abfahrt auf Schotterstraße. Bei der Brücke über den Weißenbach (km 15,3) rechts weiter bis zum Bauernhof „Pfaffenlehner" (km 17,2). Rechts auf die Landesstraße Richtung Frankenfels. Nach 700 m rechts beim Reiterhof „Spiellaube" asphaltierer Güterweg, vorbei am Bauernhof Hundsbaumeben. Bei km 19,8 beginnt die Rennrodelstrecke „Wolfsleiten".

Zuerst auf Schotter-, dann Karrenweg. Dies ist der schwierigste Teil der Tour mit einem sehr steilen Anstieg. Querung einer Wiese bis zum Starthaus der Rodelbahn (km 21,2). Links auf einen Karrenweg zum Bauernhof Winter. Höchster Punkt der Tour mit 900 Hm. Hier bietet sich eine wunderbare Aussicht auf den Ötscher.

Es beginnt die Asphaltstrecke und die Abfahrt nach Frankenfels. Bei der Kreuzung Bauernhof „Massing" (km, 22,5) links, dann wieder geradeaus. Weiter bergab Richtung Frankenfels. Im Tal die Mariazellerbahn queren (km 26,1), anschließend wieder links auf die Bundesstraße 39, gemütlich zum Ausgangspunkt zurück.

50. FRONBERG-LUFT-ROUTE

Kirchberg–Schwerbach–Luftwirt–Laimpoden–Kirchberg

Einstieg: Kirchberg/Pielach, Bahnhof
Gesamtlänge: 17,5 km
Gesamthöhenunterschied: 470 m
Asphalt: 12,5 km
Schotterstraße/Forstweg: 5 km

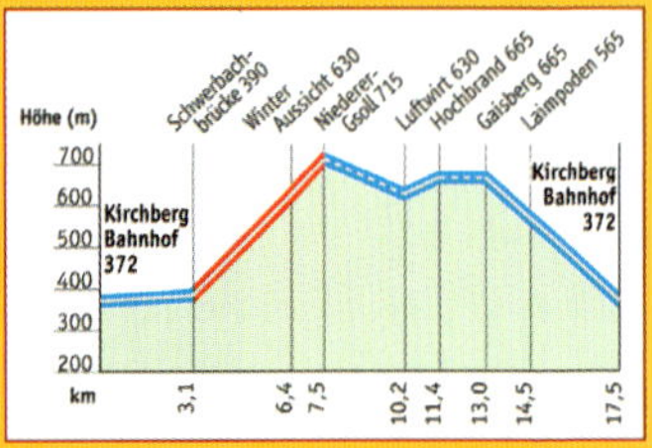

Tipp: Sollten Sie hier Ihre Kraft noch nicht verbraucht haben, besteht die Möglichkeit, zwei weitere Routen im Angriff zu nehmen: „Dörfl-auf-der-Eben-Route“ und „Thalhof-Route“. Beide Routen sind im Bahnhofsbereich gut ersichtlich beschrieben.

Einkehr:
- Gasthof Kalteis, Melkerstraße 10, A-3204 Kirchberg/Pielach, ☎ 02722/72 23
- Kirchbergerhof, Familie Utz, Melkerstraße 8, A-3204 Kirchberg/Pielach, ☎ 02722/73 16
- Gasthof zur Luft, Familie Stadler, Kirberggrund 55, A-3204 Kirchberg/Pielach, ☎ 02722/27 15

Info:
- Gemeindeamt Kirchberg/Pielach, Schlossstraße 1, A-3204 Kirchberg/Pielach, ☎ 02722/73 09
  www.tiscover.com/Kirchberg.pielach
  E-mail: gdekirchbergpielach@netway.at

Die Fronberg–Luft–Route ist eine mittelschwere Strecke, die durch Wald- und Wiesengebiet in der Marktgemeinde Kirchberg führt. Die Wegstrecke besteht zur Gänze aus befestigten Wegen – Schotter bzw. Asphalt.

Vom Bahnhof Kirchberg beginnend nach ca. 400 m zunächst durch eine sehenswerte Schlossanlage und anschließend den Pielachtalradweg bis zum Reiterhof Zwinz. Vorbei an den Gaststätten Hinterberger und Schützenwirt Kemetner zweigt die Route links

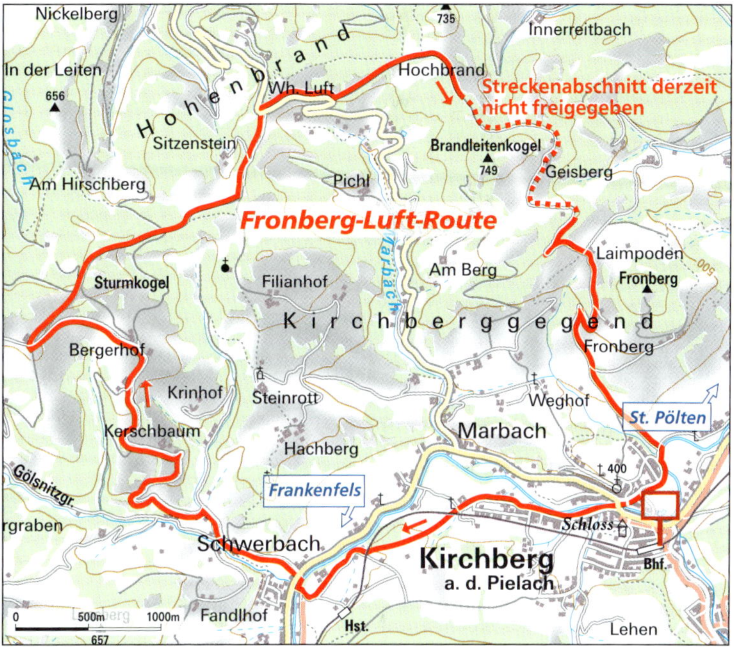

in den Gölsnitzgraben ab. Hier beginnt das schwierigste Stück der Route. Der Anstieg beginnt bei 390 Höhenmetern, führt vorbei an schönen gepflegten Bauernhöfen und erreicht den höchsten Punkt der Strecke beim Bauernhof Niederer (Gsoll) in 715 Hm. Am höchsten Punkt der Strecke kann man einen wunderschönen Ausblick ins Pielachtal genießen. Vom Bauernhof Niederer bis zur Einkehrmöglichkeit Gasthof Luft leichte Fahrt auf einem Höhenrücken.

Nach dem Gasthof Luft beginnt die Strecke wieder leicht zu steigen und umfährt den Gaisberg. Beim Bauernhof Fink (Gaisberg) beginnt die Talfahrt.

Es empfiehlt sich im Bereich des Streckenabschnitts Laimboden anzuhalten und die schöne Ansicht auf die Marktgemeinde Kirchberg zu genießen. Nach weiteren ca. 2 km Talfahrt wieder zurück in das Ortsgebiet von Kirchberg an der Pielach und zum Ausgangspunkt beim Bahnhof Kirchberg/Pielach.

Ortsregister

Almhof 111
Altpölla 18
Annaberg/Reith 117
Arbestal 94
Arzberg 138

Bad Vöslau 81, 83
Baden 74, 78
Bärnkopf 41
Bellevue 138
Bergstation Schwaig 111
Berndorf 88
Bernreith 48
Betsteig 92
Böhlerwerk 138
Bozsok 101
Braunegg 54
Buchberg 62
Burg Oberranna 35
Burg Rosenburg 21
Burgerschlag 106

Doktorberg 68
Dreiländerstein 106

Edlesberg 46
Eichberg 35
Eichelberg 50
Eisenwiesen 124
Elsarn am Jauerling 35
Enzesfeld 85
Erlaufsee 117
Etzmannsdorf 21
Exelbergstraße 64

Fadenthal 117
Feistritz 54
Fohra 35
Frankenfels 142
Frankenreith 13
Franzenreith 138
Fronberg 146
Furth 88

Gadenweithöhe 134
Gaming 120
Garnstatt 124
Gars 23
Geschriebenstein 101
Gföhl 31
Glatz 97
Glöckl 109
Gmaining 41
Gr. Hirschenstein 101
Greis 113
Grillparz 58
Groß Göttfritz 13
Gschwendtmühle 13, 15
Gumpoldskirchen 74
Gutenbrunn 41

Hadersfeld 56
Harmannsdorf 106
Harzberg 81
Häuserl am Roan 64
Heidstübl 111
Heiligenblut 54
Heinreichs 46
Heissenberg 109
Helenental 78
Hinterbrühl 50, 74
Hirschbach 25
Hirschensprung 38
Hirtenberg 85
Hochstraß 99, 101
Höflein 56
Hoher Lindkogel 78
Höllberg 46
Hollenstein 124, 128, 132
Hubberg 138
Hubertus 33
Hundertwasser 15
Hutwisch 106

Ida-Pfeiffer 134
Idolsberg 18

Jauerling 35
Julienhof 85

Kahlenbergerdorf 64
Kaltenleutgeben 68, 70
Kalz 38
Karlstift 50
Kartause Mauerbach 60
Katzelsdorf 58
Kerschenbach 115
Kirchberg 146
Kitzhütte 132
Klosterneuburg 62
Knappenhof 97
Kogel 138
Kogelrundweg 111
Königsberg 132
Königswald 41
Közseg 101
Krainerwald 83
Kranzmühle 106
Kraxenberg 109
Kritzendorf 56
Krumau am Kamp 18
Krumbach 97, 142

Lackenhof 120
Laferlstein 92
Laimpoden 146
Langeck 104
Langenlois 28
Langfeld 52
Lassing 128
Liebing 101
Lockenhaus 99, 101, 104
Loidl 31
Loipersdorf 106
Lothauhof 35
Luegergraben 138
Luftwirt 146

Maiersch 25
Maltern 106
Maria Seesal 134
Mariazell 117
Mariazellerbahn 117
Mariensee 111
Mauerbach Kartause 60
Metzling 38
Mödling 78
Mönichkirchen 111
Muggendorf 92
Mühlbach 52
Mühldorf 35

Naturpark 104
Nestelberg 120
Neuhof 48
Neupölla 18
Niederranna 35
Nondorf 18
Nothberg 134

Oberkirchbach 60
Oberkohlstätten 104
Oberreith 28
Ödenhof 94
Oed 46
Offenegg 106
Ötscherwiese 120
Ottenschlag 33, 48

Palfau 128
Parapluie 70
Passauerhof 58
Perchtoldsdorf 70
Pernitz 92
Persenbeug 38
Pfaffenhof 54

Plank am Kamp 25
Pottenstein 88
Promau 124, 128, 132
Puchberg 94
Puchenstuben 117
Purgstall 97

Raneck 120
Ransdorf 97
Raxendorf 54
Rechnitz 101
Reiterhof Theuretzbach 134
Reith 48
Reitzendorf 46
Riegelhof 92
Rohrenreith 13
Roiten 13
Rosenburg 21
Roßbruck 52
Rotes Kreuz 99
Rotmoos 124
Rottenhof 38
Ruine Gars 23

Sauerbrunnbach 31
Schafberg 25
Schindlhütte 120
Schneebergdörfl 94
Schottwien 113
Schwarzenbach 115
Schwerbach 146
Seeberg 28
Semmering 113
Siegenfeld 74
Sonnbrandalm 124
Sonntagberg 138
Sonnwendstein 113
Spannlehen 128
St. Leonhard 138
St. Martin 52
St. Veit 85
St. Veit/Gölsen 115
St. Wolfgang 52
Stadlberg 50
Stallegg 21, 23, 25
Staudingerhütte 128
Stausee Thurnberg 18
Steinwandklamm 88
Stiefern 28
Stierhübelteich 50
Stranitzberg 25
Straß 28
Sulz 52, 70
Syrafeld 13

Tautendorf 25
Teichmannser Wand 33
Trandorf 35
Troibetsberg 54
Tulbing 58
Tulbinger Kogel 60

Unternberg 94

Velem 101

Waidhofen 138
Waldhof 104
Waxeneck 92
Wegscheid am Kamp 18
Weidling 62
Weinstein 35
Weissenbach 88
Wentsteinhammer 128, 132
Wien 23 68
Windischalm 64
Winterbach 117
Wolfsleiten 142
Wülfach 134

Ybbsitz 134
Ysperklamm 41

Zobelhof 78
Zöberau 109
Zöbern 109
Zogelsgraben 134
Zwettl 13, 15

Register nach der Schwierigkeit

Family-Strecke
Tour Nr. 1, 5, 6, 13, 14, 16, 19, 23, 28, 29, 34

Fun-Strecke
Tour Nr. 2, 3, 4, 8, 9, 15, 18, 20, 21, 24, 38, 41, 47, 48, 50

Power-Strecke
Tour Nr. 7, 10, 11, 12, 17, 22, 25, 26, 27, 30, 31, 32, 33, 35, 36, 37, 39, 40, 42, 43, 44, 45, 46, 49

B. Baumgartner / Werner Tippelt
Wandererlebnis Ötscher
Mit Natur- & Schitourenführer

176 Seiten mit ca. 50 Farbfotos und 4 Karten, geb.
ISBN 3 85326 100 0

Helmfried Knoll
Wandererlebnis Fischbacher Alpen
Mit Semmering – Roseggers Waldheimat – Hochlantsch

192 Seiten, 34 Farbfotos, je 23 Kartenskizzen und Höhenprofilen, geb.
ISBN 3 85326 067 5

Bernhard Baumgartner
Wanderparadies Voralpen
Zwischen Mostviertel und Mariazeller Bergland

152 Seiten, 27 Farbfotos, je 18 Kartenskizzen und Höhenprofile, geb.
ISBN 3 85326 047 0

Hans Hödl
Wandererlebnis Wiener Hausberge
Gutensteiner Alpen, Schneeberg, Rax, Schneealpe, Semmering

176 Seiten mit ca. 60 Farbfotos und 30 Karten, geb.
ISBN 3 85326 109 4

Waltraud Steinlechner
Pferdeeisenbahn-Wanderweg
Von Bujanov nach Linz

88 Seiten, beigelegte Karte, 40 Farbbildern und 11 Kartenskizzen, brosch.
ISBN 3 85326 161 2

Moststraße
So schmeckt das Leben

132 Seiten, 50 Farbabbildungen, 20 Karten, brosch.
ISBN 3 85326 186 8